大夏书系 — 数学教学培训用书

有趣的
数学阅读课

给小学师生的阅读指南

牛献礼 ———— 著

把每堂课都当作献给学生的礼物

华东师范大学出版社

·上海·

图书在版编目（CIP）数据

有趣的数学阅读课：给小学师生的阅读指南／牛献礼著.
一上海：华东师范大学出版社，2023
ISBN 978-7-5760-3824-8

I. ①有 ... II. ①牛 ... III. ①小学数学课—教学研究 IV. ① G623.502

中国国家版本馆 CIP 数据核字（2023）第 072554 号

大夏书系 ┃ 数学教学培训用书

有趣的数学阅读课： 给小学师生的阅读指南

著　者	牛献礼
策划编辑	卢风保
责任编辑	薛菲菲
责任校对	杨　坤
封面设计	奇文云海·设计顾问
出版发行	华东师范大学出版社
社　址	上海市中山北路 3663 号　邮编 200062
网　址	www.ecnupress.com.cn
电　话	021-60821666　行政传真 021-62572105
客服电话	021-62865537
邮购电话	021-62869887
地　址	上海市中山北路 3663 号华东师范大学校内先锋路口
网　店	http://hdsdcbs.tmall.com/
印　刷　者	北京密兴印刷有限公司
开　本	700×1000　16 开
印　张	18
字　数	276 千字
版　次	2023 年 5 月第一版
印　次	2025 年 9 月第八次
印　数	13 101-14 100
书　号	ISBN 978-7-5760-3824-8
定　价	65.00 元

出　版　人　　王　焰

（如发现本版图书有印订质量问题，请寄回本社市场部调换或电话021-62865537联系）

目　录

序 言

"好玩"的数学阅读课

叶圣陶先生说:"教师教各种学科,其最终目的在达到不复需教,而学生能自为研索,自求解决。"培养学生的自主学习能力,使学生由"学会"走向"会学",是教师不断追求的目标,也是当前新课程改革的明确要求。阅读理解能力是学生自学能力的基础,培养学生自学能力的关键就是教会学生阅读。因此,数学阅读是学生自主获取数学知识,形成数学核心素养的一种非常重要且有效的途径。

但调查发现,一线教师要么对数学阅读的认知度不够,认为阅读可有可无,要么总担心学生的理解能力弱,自主学习能力差,不敢放手让学生通过自主阅读来获得新知,而是习惯于把教材中的精髓挖掘出来,又通过自己的理解传递给学生,进而忽视对学生阅读数学教材能力和习惯的培养,似乎阅读数学教材仅仅是老师的事儿。该学生阅读的时候,不是被教师的讲解代替,就是被电脑课件的演示代替,学生自主阅读的机会太少。不知不觉中,那些本应该在阅读过程中形成的阅读能力和思考能力,在教师的越俎代庖中渐行渐远,自学能力的培养更是无从谈起。

对学生调研后发现,在独自面对数学题时,学生要么还没看清题目就开始做题,要么"一目十行"式地草草阅读,读不出关键词,读不出数量间的关系,读不懂题意。许多学生都是因为看错或者看漏题目中的数学信息而导致题目做错。调研还发现,与语文、英语、科普等的课外阅读类书籍相比,面向小学生的课外数学阅读书籍相对较少,且不太适合学生分年级阅读。加之数学阅读材料大都是文字、图形、符号、表格的结合体，具有严谨性、抽象性等特点，阅读内容很多时候和生活的关联性不强，阅读起来比较枯燥、难懂，所以多数学生对数学阅读不感兴趣，缺乏阅读欲望。

总体而言，小学数学课程的思维要求比较高，知识结构严谨抽象，常常给人一种"高冷"的感觉，加之数学教学依然侧重于知识技能的传授，大量充斥着"训练性学习"，做题几乎成了学生数学学习的唯一方式。这种"印象"和做法，对于发展学生的数学素养、丰富学生对数学的积极情感体验是不利的。

因此，教小学生学习数学，除了在平时的教学中重视指导学生阅读数学教材之外，有必要开发出一系列的数学阅读材料，并通过专门的数学阅读课培养学生对数学阅读的兴趣，指导学生数学阅读的方法，从而有效发挥数学阅读的教育功能，提高学生的自主学习能力。

数学阅读课是旨在让小学生体会"数学好玩"，增强其学习数学的兴趣，促进数学阅读能力的提升，提高自主获取数学知识的能力而开发的一种数学课堂教学新课型。"数学阅读课"课程的价值取向是兴趣、过程和体验，即立足展现数学课程"有趣""好玩"的一面，丰富学生对数学学科和数学学习的认识，拓宽学生的数学视野，感受数学的魅力，让学生在数学阅读与思考中体会"数学好玩"；立足于让学生在数学阅读过程中积累数学活动经验，增强数学阅读能力，提升数学思维品质，发展数学核心素养。

一、数学阅读课的设计原则

1. 数学阅读课追求"数学好玩"

"数学好玩"是数学大师陈省身先生为少年儿童的题词。数学阅读课注重挖掘数学的趣味性和奇妙性，精心选取学生感兴趣的，能启发思考、开阔视野的学习材料，让学生边阅读边思考，在思考中体会"数学好玩"，在阅读中开阔眼界，增长见识。

比如，在学习"比的认识"时，笔者设计了以"妈妈为什么喜欢穿高跟鞋"为核心问题的数学阅读课，让学生在阅读、思考、交流中了解"爱美的妈妈穿高跟鞋是为了延长双腿长度，使其与身高的比例趋于黄金比 $0.618 : 1$"。数学阅读使枯燥的数学知识和生活实际联系在一起，学生对知识的理解就更透彻，对数学价值的体会就更深刻。

再如，学习"因数与倍数"时，笔者开发了"猜数游戏"的数学阅读课，不仅在游戏中培养了学生的推理能力，更因其在游戏中学习，令学生着迷不已，"猜数游戏"竟成了学生在课间玩耍时乐此不疲的玩乐节目。有了这样的乐趣体验，喜欢数学的情感种子就在学生的内心扎下了根。

2. 数学阅读课要把握好数学阅读的特点

"数学阅读课"课程的内容选择、材料设计和教学实施都要把握好数学阅读自身的特点，遵循其内在规律。数学阅读是指围绕数学文字、公式、图形、符号、表格等数学材料，以数学思维为基础和纽带，用数学的方法、观念来认知、理解、汲取知识，感受数学文化的学习过程。由于数学语言的抽象性与严谨性，数学阅读具有自身的特点：

其一，数学阅读材料是由数学语言构成的。数学语言不仅包含文字语言，还包含符号语言和图形语言，具有简洁、抽象和准确的特点。因此，很多学生即便能看懂阅读材料，也不一定能解决问题。在数学阅读时，必须了解数学材料中出现的每个数学术语和数学符号的精确含义。如果忽视或略去某一个字词，意思很可能就大相径庭了，比如"增加了 8 米"和"增加到 8 米"、"剪去 $\frac{1}{3}$ 米"和"剪去 $\frac{1}{3}$"等。因此，阅读数学材料一定要咬文嚼字地阅读，不能一目十行、囫囵吞枣地阅读。

其二，数学阅读着眼于问题解决。语文阅读通常需要学生理解作者的思想情感，并学习遣词造句；英语阅读通常需要学生掌握必要的词汇和搭配，并理解文章意思；数学阅读从本质上来讲是一种思维活动，往往更多地着眼于通过阅读解决问题，这也是数学阅读最核心的特征。学生数学阅读能力的培养，应定位于从思维层面理解材料所要表达的信息，包括但不限于数量之间的关系、数学概念与性质、图表等。

其三，数学阅读需要进行"内部言语转化"。数学阅读过程就是理解和领悟数学语言的过程，包括丰富多彩的符号语言、严谨规范的文字语言、内涵深刻的图形语言等。在数学阅读时，不能只用眼睛浏览，大脑必须建立起灵活的语言转化机制，即把抽象、难懂的阅读内容转化为易于接受的语言形式，比如，把数学术语转化成生活化的语言，把文字语言转化为简洁的符号语言或直观的图形语言，将严谨抽象的数学问题"换种说法"等，养成读中去想、想中去读的习惯。

3. 数学阅读课要"以学习为中心"

数学阅读课以"问题引领式的阅读单"为载体，让学生通过自主阅读、自主探索、自主思考、互动交流等方式学习数学、探索数学，其实质是学生在教师的指导下在课堂内进行的自主探究学习。因此，数学阅读课的教学实施必须坚持"以学习为中心"。首先，教师要发自内心地把学生作为数学研究者对待，给学生的阅读、探究、交流留出充足的时间和空间，鼓励学生独立阅读、多遍阅读，不要轻易干预学生的阅读学习过程。其次，要设计好富有启发性的"问题串"，以疑导读。"学起于思，思源于疑。"学生在启发性问题的驱动下，在阅读、实践、探索、思考、交流中逐步摸索，尝试解决问题。最后，重视同伴间的数学交流。特别是当学生在研究过程中"一筹莫展"之时，经过教师的引导、同学之间的交流，使问题得到解决，能使学生品尝到独立阅读的快感与解惑之后的成就感，促使学生养成自主阅读、主动学习的良好习惯。

二、数学阅读课的内容设置

数学阅读是对数学材料进行数学化分析（信息提取、转译、内化），形成并表达自己数学观点的过程。在这个过程中包含多项数学能力，如获取并整理数学信息的能力、发现并提出问题的能力、数学建模的能力、数学抽象推理能力、数学运算能力等，这些能力统称为数学阅读能力。因此，"数学阅读课"涉及的内容不应局限于传统意义上的读教材、读解题过程、读数学家的故事等，而应当包括蕴含数学知识、思想方法和数学文化的文字、符号、图画、表格等阅读材料。笔者在教学实践中将以下几个方面作为"数学阅读课"课程内容选择的重要源泉。

1. 精选适合学生自学的教材内容

教材经过编写者的深入研究，是国家审核通过的，具有权威性、科学性，也具有一定的可读性。因此，要重视学生对数学教材的阅读和理解，充分利用好教材的阅读价值。

比如，"正比例"的教学过程中，笔者所在学校使用的北京版教材内容丰富、图文并茂、层次清晰，有利于学生在比较、辨析中理解正比例的意义，比较适合学生自学。笔者采取"先自学后交流"的方式进行教学，并有意识、有针对性地渗透阅读方法指导，设计自学导语如下。

（1）自学课本时有什么看不懂、想不明白的地方吗？请在书上标注，并写出自己的疑问。

（2）想一想：例2中"路程与时间"的关系和例1中"年龄与身高""月份与气温"的关系相比，有什么相同点和不同点？

（3）在书上圈画出"正比例关系"的含义，你能概括出正比例关系需要符合哪几个条件吗？

在学生充分自学教材的基础上，组织学生交流，教师在学生困惑处释疑，在知识关键处追问，并引导学生学会从教材中寻找答案，学会用自己的话去解释抽象的数学语言。在这个学习过程中，学生不仅对"正比例"概念有了比较通透的理解，数学阅读能力和自学能力也得到了提高。

2. 将教材中编排的"你知道吗"等内容适度拓展

随着课程改革的深入推进，数学的文化价值越来越被重视。纵览各个版本的小学数学教材，教材编写者不仅在知识的编写中有意识地渗透数学文化，还专门开辟了"你知道吗"栏目进行显性体现，具体内容有数学史料、数学背景知识、数学的生活应用、数学家的故事等，以激发学生学习数学的兴趣，开阔学生的视野，引导学生感受数学文化的魅力。但因为篇幅受限，多是"点到为止"。笔者将"你知道吗"内容作为课程资源进行适度改造、拓展延伸，以期发挥其更大的教育价值。

比如，教学"因数与倍数"单元时，笔者开发了"'哥德巴赫猜想'与'陈氏定理'"的数学阅读课，让学生了解数学之史，领略数学之美，感受数学之用。

课始，先给学生介绍"哥德巴赫猜想"：任何一个大于2的偶数都可以写成两个质数之和。然后让学生验证这个猜想对不对，如10=（　　　）+（　　　），18=（　　　）+（　　　）。

接着介绍"陈氏定理"：

200多年来，许多数学家一直努力想证明它，但都没有成功。"哥德巴赫猜想"由此成为"数学皇冠"上一颗可望而不可即的"明珠"。

目前最佳的证明结果是中国数学家陈景润于1966年证明的"1+2"，即"陈氏定理"：任何一个充分大的偶数都可以表示成一个素数加上一个或为素数，或为两个素数的乘积的形式。通常把"陈氏定理"简称为 $N=1+2$。比如，$60=2+2\times 29$ 或 $60=3+3\times$（　　　）或 $60=5+$（　　　）$\times$（　　　）。

然后让学生尝试举例验证陈景润的研究成果，如30=（　　　）+（　　　）×（　　　），50=（　　　）+（　　　）×（　　　）。

在一个个挑战性问题的驱动下，学生经历了再发现、再创造的过程，不仅发展了思维，收获了数学活动经验，更是通过阅读和切实体验，拓宽了视野，了解了数学家与数学名题，对数学家们孜孜不倦的研究精神有了深刻体会，无形中塑造着学生的人生观和价值观。

3. 补充一些有价值、可探究的课外阅读材料

要真正实现"数学好玩"，一方面，做好学生调研，寻找学生对什么内容感兴趣，阅读课内容的选择和时间的安排都应基于学生调研的结果；另一方面，做好数学内容的研究，把握好内容的本质。把这两方面结合起来就是所谓的"玩到点子上"了。

"数学阅读课"课程实施以来，笔者挖掘、开发了诸多令学生"乐不思蜀"的课程内容。比如，你也能当福尔摩斯、神奇的"数字黑洞"、神奇的"走马灯数"、冰雹猜想、神奇的杨辉三角、阿基米德巧破王冠案、奇妙的回文数、古人是怎样探究圆周率的等。

三、数学阅读课的课堂实施

数学阅读课的课堂实施，功在课前，即研究组织内容，精心设计阅读学习单。"数学阅读单"的设计是上好数学阅读课的基础，也是决定阅读课教学效益高低的关键。教师应隐在课中，即突出学生的阅读和探索，突出学习的自主和体验，不轻易干预；导在学后，即学生交流时适时进行必要的指导、点拨与提升，并将学习内容向课外延伸，拓展数学学习的时间和空间。

1. 精心设计"数学阅读单"

数学阅读是思考性阅读，着眼于通过阅读解决问题。"数学阅读单"的设计要蕴含丰富的实践探究性和驱动力，要有利于学生以内容为载体去进行操作、尝试并产生顿悟。

"问题是数学的心脏"。"数学阅读单"的基本特征就是问题驱动，以疑导读。阅读单既要充分体现"导"的功能，又要给学生留出一些思考空间，比较适合阅读。要把阅读材料精心设计成"问题串"，让学生带着问题和任务去阅读，去思考，去计算，去探索，寻找问题的答案。学生进行数学阅读的过程就是在经历"猜想—验证—再猜想—再验证"的问题探究过程，就是在经历"山重水复疑无路，柳暗花明又一村"，从而获得深层次愉悦的心理体验过程。

需要指出的是，"数学阅读单"中的"探究任务"不同于常规课中的课堂练习。教学活动设计也不是师生之间的频繁互动和教师不时地讲解点拨，而是给学生提供充足的自主阅读、自主探究的时间和空间，教师尽量不干预。

2. 数学阅读课的基本流程

一般地，数学阅读课的教学流程如下：

创设情境，激发兴趣—自主阅读，尝试探究—互动对话，交流提升。

（1）创设情境，激发兴趣。

学生一旦对学习产生了兴趣，各种感官易处于活跃状态，从而为参与学习提供极佳的心理准备。为此，在数学阅读时，教师必须根据学生的年龄特征和个性特点，创设新颖有趣、富有启发性的情境，激发和保持学生的阅读兴趣。例如，教学"冰雹猜想"一课时，笔者以"一则真实故事"引入：

1976年的一天，美国著名的《华盛顿邮报》在头版头条的显著位置罕见地报道了一条数学新闻：目前，美国各所大学的大学生和老师们都像发了疯一般，正在废寝忘食地玩一种数学游戏。什么游戏这么吸引人呢？这个游戏规则十分简单：先任意写出一个自然数，如果是单数，就将它乘以3再加1；如果是双数，则将它除以2。

为什么这个游戏这么吸引人呢？因为人们发现，对于任意一个自然数，按照上述这个规则重复进行下去，最终是在 $4 \rightarrow 2 \rightarrow 1$ 中循环。也就是说，无论什么数，只要按照这个规则计算下去，最后一定会掉入"数字黑洞"1。

这个问题情境给学生带来了强烈的探究欲望和丰富的实践探究空间，他们开始认真阅读文本，寻求其中的奥秘。

（2）自主阅读，尝试探究。

学生的兴趣被激发起来后，就要给学生提供广阔而自主的探究空间。教师要真正转变为一个组织者和指导者，放手让学生自主阅读"数学阅读单"。阅读单上层层递进的"问题串"帮助学生真正进入思维状态，学生边阅读、边思考、边计算、边猜测、边推理，在不断摸索中寻找答案。以笔者执教的一节阅读课"数的积偶性"为例，学生在如下"阅读单"的导引下自主阅读。

有人经过观察、思考，对自然数的奇偶性提出了如下猜想：

猜想一：奇数＋奇数＝偶数。

猜想二：偶数＋偶数＝偶数。

猜想三：奇数＋偶数＝奇数。

他的说法对吗？你可以分别举例子验证一下。

验证猜想一：＿＿＿＿＿＿＿＿＿＿＿＿＿＿＿＿＿

验证猜想二：＿＿＿＿＿＿＿＿＿＿＿＿＿＿＿＿＿

验证猜想三：＿＿＿＿＿＿＿＿＿＿＿＿＿＿＿＿＿

接下来的一个问题又将学生的思维引向了深入：

同学们，刚才我们研究的是"和的奇偶性"，那么，"积的奇偶性"又会是怎样呢？你有什么猜想吗？请写下来。

_____

你的猜想对不对呢？请举例验证一下。

_____

如果你暂时没有"猜想"，也没关系！有人提出了下面的猜想，他说的对吗？请你验证一下吧。

猜想一：奇数 × 奇数 = 奇数。

举例验证：_____

猜想二：偶数 × 偶数 = 偶数。

举例验证：_____

猜想三：奇数 × 偶数 = 奇数。

举例验证：_____

然后，再次设疑：

假如有任意多个非零整数相乘，其中一个因数是偶数，积一定是（　　）数。（猜想四）

比如：$1 \times 3 \times 11 \times 5 \times 4$，积 = （　　　），是（　　　）数。

你能再举个例子验证一下你的猜想吗？

_____

想一想：你明白上面猜想四中的道理吗？请写下来。

_____

在上述过程中，学生在富有挑战性和启发性的问题的驱动下，积极思考，大胆猜想，小心求证，经历了一次难忘的自主探究之旅。

（3）互动对话，交流提升。

面对客观存在的学生差异，数学阅读课的目标设计是高弹性的，而不是教学要求的整齐划一，这样才能满足学生的个性化学习需求。要允许有的学生课内完不成阅读任务，有的学生课内完成后可以去帮助同伴，有的学生可以把阅读研究延伸到课外。教学中，要充分利用学生间的差异，重点组织两轮次的学习交流。第一轮是让学习进度较快、率先完成阅读任务的同学充当"小老师"，协助老师指导、帮助个别有困难的学生，这个互动学习的过程是"兵教兵"的过程。第二轮是全班交流学习。师生、生生多边互动的对话与交流，是彼此想法的碰撞、吸纳与提升。教师要担当好"画龙点睛"的重任，并努力把学生的研究向课外延伸。

以"冰雹猜想"为例，笔者在临近下课时对学生再次启发诱导：

英国剑桥大学教授约翰·何顿·康威找到了一个自然数27……如果按照上述方法进行运算……达到谷底值1。全部的变换过程需要111步……爱动脑筋的你有没有兴趣在课外试一试，让27掉入"数字黑洞"1？

截至目前，还没有人能够证明"冰雹猜想"……数字1是否是吸引所有自然数的黑洞呢？这个世界级难题期待着有人去解开谜底。亲爱的同学们，你们有兴趣去研究吗？

课后，果真有不少学生还在继续兴趣盎然地开展研究，他们花费近2个小时，在A4纸上写下了整整111道数学算式，在研究实践中收获了学习活动本身所带来的乐趣体验。

四、数学阅读课的实践收获

数学阅读课是为了让学生更好地学习、理解和感受数学而设计的，经过几年的教学实践，其成效已初步显现。学生们在阅读中开阔了数学视野，感受到了数学知识的博大精深和魅力所在，学习数学的兴趣也越来越浓，对数学阅读课更是充满了喜爱与期待："老师，这样的数学课，我好喜欢！""老师，什么时间再上数学阅读课呀？""老师，下学期还会有数学阅读课吗？"……

实践也充分表明，当学生因数学学习而着迷时，一切皆有可能！

四 年 级

"大数的认识"单元开启课

阅读指导要点提示

❖ 学习目标

1.唤醒对"自然数"的已有知识和经验，为"认识大数"的学习做好准备。

2.了解自然数的产生历史，开阔视野，增长见识。

❖ 实施要点

1.创设情境，激发学生对"大数"学习的兴趣。

2.自主阅读。给学生充分的时间去独立阅读"阅读单"，把学生之间的差异作为重要的课程资源，注重"兵教兵"，尤其要关注后进生的学习困难，及时给予指导与帮助。

3.全班交流。反馈、交流"阅读单"上部分问题的答案以及"探究任务"的完成情况，尤其关注学生提出的"我的疑问"。教师适时进行点拨与引导。

❖ 知识链接

自然数的内容编排

自然数的认识在小学教材中分多个年级来学习，一共分为五个阶段（见下页图）。

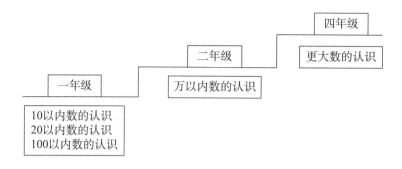

以上五个阶段内容的学习，又可以分为三个层次。

第一层：10 以内数的认识。主要是通过从实物中抽象出自然数概念，学会一个一个地计数。不仅是对数字符号的认识，更要建立——对应的思想。

第二层：20 以内数的认识、100 以内数的认识和万以内数的认识。承载的是"一个可以代表多个"，从一个代表"十"发展到一个代表"百""千""万"。这三段属于一个思维层次，关键是理解一个代表多个。

第三层：更大数的认识。建立整数的计数体系，即形成数位顺序表，关键是理解数位顺序表的结构。

自然数概念的内涵及教学

数是对数量的抽象，数的关系是对数量关系的抽象。因此，自然数是对数量以及数量关系的抽象。

表示自然数的关键是 0—9 这十个符号和数位，十个符号是与十进制联系起来的。自然数有无穷多个，但为什么用十个符号就能够表示所有的自然数呢？关键在于数位。因此，认识自然数重要的是理解十进位值制计数法。我们已经知道 1—9 这九个计数符号，那么"十"该如何表示呢？如果直接写成一个"十"，就太不方便了；如果简单地写成"1"，就会与我们已经学过的"1"混淆；如果创造新的符号，符号太多，使用也不方便。因此，人类创造了位值制。所谓"位值制"，是指相同的计数符号由于所处的位置的不同而表示不同大小。例如，把数字"1"放在个位上表示 1 个一，放在十位上表示 1 个十（10）。由于有了位值制，就可以用有限的几个数字表示出无限多个自然数，这是最妙的发明之一。

有了十个符号与数位，读自然数的法则是：符号＋数位。比如 3002，表示的是 3 个 "千"、0 个 "百"、0 个 "十" 和 2 个 "个"，可以直接读作：三千零百零十零二，常常简约读作：三千零二，符号表示为 3002。

自然数是从 0 开始一个加一个大起来的，应先让学生理解：10 是 9 加 1 得到的，而不是 10 个 1 相加得到的；100 是 99 加 1 得到的，而不是 10 个 10 相加得到的；1000 是 999 加 1 得到的，而不是 10 个 100 相加得到的……这样学生才易于理解自然数的基数、序数的意义和大小关系。然后再强化十进制：10 个一是 1 个十，10 个十是 1 个百，10 个百是 1 个千……因为自然数在先，不同进制在后，因此自然数可以用不同的进制表达。

要重视数位顺序表的使用。从认识 20 以内的数起就让学生了解 "个位" 和 "十位"，认识百以内的数时补充认识 "百位"，认识万以内的数时认识 "千位" 和 "万位"。在认识大数时，学生认识万级和亿级的数以及比亿更大的数。在每一阶段教学时，教师要不断引导学生完善数位顺序表。

"'大数的认识'单元开启课" 阅读单

（一）

我们的生活离不开数，可是数的产生也经历了一个漫长的过程。

你知道远古时代的人是以什么为生吗？他们以打猎为生。每次捕到猎物或捞到鱼后，为了知道捕获的数量，他们也需要数数，并记录下来，但那时计数的方法和现在不同。比如，古人出去放羊时，每放出去一只羊，就摆一个小石子，一共出去了多少只羊，就摆多少个小石子。放羊回来时，再把这些小石子和羊 "一一对应" 起来，如果回来的羊和小石子的数量同样多，就说明羊没有丢。在木头上刻槽来数捕鱼的条数和结绳记事的道理也是一样。右图是我国考古挖掘出来的 "甲骨文" 上的 "数" 字，这个字就源于结绳记事。

后来，随着人们捕猎技术和捕猎工具的进步，打到的猎物越来越多，计数时，摆的石子也就越来

越多，越来越不方便。怎么办？

聪明的古人逐渐发明了一些计数的符号，也就是最初的数字。下图就是古埃及人设计的计数单位。

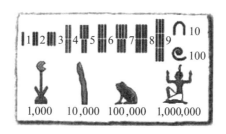

❖ **探究任务一**

1. 你能看出下面的数是多少吗？填一填。

𓏺𓏺𓏺𓎆𓎆𓏺𓏺 = （　　　　　）

𓏺𓏺𓏺𓎆𓎆𓏺𓏺𓏺 = （　　　　　）

2. 你能用古埃及人的计数方法表示出一台电视机的价钱 4350 元吗？试一试。

通过刚才的尝试，你有什么感受？是不是感觉古埃及人的计数方法有些麻烦呢？这是因为在古埃及人的计数方法中，每个计数单位都要用不同的符号来表示，有几个这样的计数单位就要画几次，这样在表示"大数"时自然就显得很麻烦。那么，其他国家发明的计数方法是什么样的呢？

由于每个国家的文化背景不同，所以各国的古人发明的数字也不一样（如下图）。

巴比伦数字：𒁹 𒈫 𒐈 𒐉 𒐊 𒐋 𒐌 𒐍

中国数字： 𝍩 𝍪 𝍫 𝍬 𝍭 𝍮 𝍯 𝍰 𝍱

罗马数字： Ⅰ Ⅱ Ⅲ Ⅳ Ⅴ Ⅵ Ⅶ Ⅷ Ⅸ

中国早在 2000 多年前，也就是春秋时期就出现了一种计算工具。你知道它叫什么吗？

它叫算筹。古代的算筹实际上是一根根同样长短和粗细的小棍子，一般长 13~14 厘米，粗 0.2~0.3 厘米，多用竹子制成，也有用木头、兽骨、象牙、金属等材料制成。其表示的数字可见下图。

纵式：　｜　‖　‖｜　‖‖　‖‖｜　Т　Ⅱ　Ⅲ　Ⅲ

横式：　一　二　三　亖　〓　⊥　⊥　⊥　⊥

1　2　3　4　5　6　7　8　9

（二）

随着社会的发展，人们的交流也逐渐增多，但人们发现，由于各国使用的数字不同，交流起来很不方便，于是，人们就想办法统一数字的使用。目前全世界通用的数字是"阿拉伯数字"：0、1、2、3、4、5、6、7、8、9。"阿拉伯数字"是阿拉伯人发明的吗？不是的。"阿拉伯数字"其实是古印度人发明的。8 世纪前后，古印度人发明的数字"0、1、2、3、4、5、6、7、8、9"由阿拉伯商人传入了阿拉伯，在 12 世纪又从阿拉伯传入欧洲，欧洲人误认为这些数字是阿拉伯人发明的，便称其为"阿拉伯数字"。

用 0—9 这 10 个阿拉伯数字能表示多少个数呢？答案是无数个。10 个数字为什么就能表示这么多数呢？这源于人类的一大发明——十进位值制计数法。什么是"位值制"呢？就是指相同的计数符号（0—9）由于所处的位置不同而表示大小不同的数。比如，把数字 1 放在个位上表示 1 个"一"，放在十位上表示 1 个"十"（10）。由于有了位值制，就可以用这 10 个数字符号表示出无数个自然数。这是不是一项很神奇的发明？

❖ 探究任务二

1.999 里都是 9，但是因为 9 在不同的位置上，最右边的 9 表示 9 个
（　　），中间的 9 表示 9 个（　　），最左边的 9 表示（　　）个（　　）。
同样的数字在不同的位置表示的大小不同，这样就不用发明那么多的符

号了，计数也不用那么麻烦了。

2.现在有999个石子，如果再添上1个石子，个位上的9就达到了10个，个位满十向（　　）位进一；十位上又满十继续向（　　）位进一；百位又满十，就要向（　　）位进一，结果就是（　　　）。

"十进位值制计数法"是人类最妙的发明之一，能用位置来区分计数单位的不同，它使计数变得简单，计数单位所占的位置就是"数位"。

3.我们已经学过哪些数位？它们的计数单位分别是什么？填一填。

数　位	……	（　　）	（　　）	（　　）	（　　）	个位
计数单位	……	（　　）	（　　）	（　　）	（　　）	一（个）

4.你能继续写出比"万"更大的计数单位吗？它们所在的数位又叫什么呢？填一填。

数　位	……	（　　）位	（　　）位	（　　）位	（　　）位	（　　）位
计数单位	……	（　　）	（　　）	（　　）	（　　）	万

5.仔细观察，可以发现：每相邻两个计数单位间的进率是（　　），这种计数方法叫作（　　）计数法。

6.为了方便读数、写数，中国人又发明了"数级"——每四个数位分一级。个位、十位、百位、千位这四个数位是"个级"；万位、十万位、（　　）位、（　　）位这四个数位是"万级"；亿位、（　　）位、（　　）位、（　　）位这四个数位是"亿级"。你知道有比"亿"还大的计数单位吗？在下面写一写吧。

我的学习体会

我的疑问

神奇的"数字黑洞"

阅读指导要点提示

❖ 学习目标

1. 经历探索"数字黑洞"的过程,感受"数学好玩",体会计算的乐趣,提高计算能力。

2. 了解天文学中的"黑洞"等科学知识,开阔视野,增长见识。

❖ 实施要点

1. 情境激趣。介绍天文学中的"黑洞"现象,激发学生对探究"数字黑洞"的兴趣。

2. 自主阅读。给学生充分的时间去独立阅读"阅读单",把学生之间的差异作为重要的课程资源,注重"兵教兵",尤其要关注后进生的学习困难,及时给予指导与帮助。

3. 全班交流。反馈、交流"探究任务"的完成情况,以及"我的学习体会"和"我的疑问",把对"黑洞数"的探究引向课外。

❖ 知识链接

"黑洞数"123 的传说

关于"黑洞数"123,有一个有趣的故事:相传,古希腊时有一位暴君叫西西弗斯,他因为生前残暴而在死后被打入地狱。此人力大如牛,上帝便罚他去做苦工，命令他把巨大的石头从山底推到山顶。当他将石头推到临近山顶时，石头却莫明其妙地滚落下来。于是他只好重新推，眼看快要到山顶，可又"功亏一篑"，石头又一次滚落到山底。他也只有"从头再来"，如此循环反复，没有尽头。所以，"黑洞数"123也叫作"西西弗斯串"。

如果随便选一个数如43005798作为一块"大石头"，按如下规则转换成一个新三位数：百位上的数字是八位数中的偶数个数（0作为偶数），十位上的数字是八位数中的奇数个数，个位上的数字是原数的个数。于是得到的新三位数是448。448进行同样的变换：3个偶数，百位上是数字3，奇数有0个，"448"是三位数。于是得出新三位数303。这个数再经转换后为123。一旦得到"123"后，就再也不变化了。这就好比推上山的石头又滚落回山底，白辛苦一番。

如果你有兴趣，可以换别的自然数来试一试。尽管步数有多有少，但"万数归宗"，最后都会得到"黑洞数"123。

比如2007630。偶数个数为5，奇数个数为2，该数是7位数，则得到的新数为527。再经变换，百位上的数字为1（因为只有一个偶数），奇数个数为2，所以十位上的数字为2，该数是三位数，最后还是进入"黑洞数"123的"死循环"。

再如1。根据上面的变换规则，百位上的数字为0（无偶数），十位上的数字为1（奇数个数是1），该数是一位数，即为011。再转换，最后还是"黑洞数"123。

"神奇的'数字黑洞'"阅读单

著名科学家爱因斯坦在"广义相对论"中提到过一种非常奇怪的天体，这种天体拥有巨大的吸引力，任何物质到了它附近都会被"吸"进去，就连速度极快的光也无法逃脱。后来，科学家把这种天体叫作"黑洞"。

黑洞是一种质量相当大的天体，引力极强，任何物质经过它的附近，都会被它"吸"进去，再也不能出来，包括光线，因此射进去的光不会被反射回来，我们的眼睛也就看不到任何东西，只是黑色一片，故而它是一个不发光的天体，"黑洞"的名称也由此而来。

有趣的是，天体物理中的黑洞现象在数学上也存在，并被叫作"数字黑洞"。所谓"数字黑洞"，是指在数学上，按照某种规定的运算规则，无论是什么数参与运算，最终都将得到一个固定的数，再按同样的规律去变，始终是这个数，就像宇宙中的"黑洞"可以将任何物质牢牢吸住，不让它们逃脱一样，所以这个最终固定的数也叫作"黑洞数"。

❖ 探究任务一：三位数中的"黑洞数"

任意写三个不同的数字，把这三个数字全部用上，分别组成最大三位数和最小三位数，再用最大数减去最小数，得到一个新的三位数（如果差等于099，就把099看作三位数）；对于新得到的三位数，再按照上述方式组成最大三位数和最小三位数，然后再相减求差。一直重复上面的运算，最后会得到一个固定不变的数。比如，数字2、3、5组成最大数532和最小数235，用最大数减去最小数，532-235=（297）；再用2、9、7这三个数字组成最大数972和最小数279，然后相减求差，972-279=（693）；再用6、9、3组成最大数963和最小数369，然后相减求差，963-369=（594）；再用5、9、4组成最大数954和最小数459，相减求差，954-459=（495）；继续重复运算，就掉入了"数字黑洞"495。

上述整个变换过程可以简单记作：297 → 693 → 594 → 495

1. 如果写的三个数字是0、1、2，组成的最大数就是210，最小数是012，也就是12。请你接着写下去吧：

210-12=（   ），（   ）-（   ）=（   ）。

怎么样？你算出"黑洞数"495了吗？再试一个吧。

2. 我写的三个数字是（   ）（   ）（   ），用这三个数字组成的最大数是（   ），最小数是（   ）。相减求差：（   ）。

重复上面的步骤：

你的计算结果是否掉入"数字黑洞"495？

❖ 探究任务二：四位数中的"黑洞数"

任意写四个不同的数字，把它们全都用上，分别组成最大数和最小数，再相减求差；然后将这个"差"中的四个数字重新排列，组成最大数和最小数，再相减求差；然后再重复同样的过程，最后总是能得到 6174 这个"黑洞数"。

比如：选取 1、2、3、4 这四个数字；最大数为 4321，最小数为 1234；求出它们的差：4321–1234=3087。

重复：把新数 3087 中的四个数字重新组合，组成最大数 8730，最小数 0378，也就是 378，求出它们的差：8730–378=8352。

重复：再把新数 8352 中的四个数字重新组合，组成最大数 8532，最小数 2358，求出它们的差：8532–2358=6174。

你也来试一试吧。

我写的四个数字是（   ）（   ）（   ）（   ）；组成最大数：（   ）；组成最小数：（   ）；求出最大数与最小数之差：（   ）。

重复上面的步骤：

我的学习体会

我的疑问

冰雹猜想

阅读指导要点提示

❖ 学习目标

1. 经历"冰雹猜想"的探索过程，能运用指定的运算规则进行计算并掉入"数字黑洞"，提高计算能力。

2. 增强计算的兴趣，感受数学的神奇，开阔视野，增长见识。

❖ 实施要点

1. 情境激趣。讲述故事，激发学生对"冰雹猜想"学习的兴趣。

2. 自主阅读。给学生充分的时间去独立阅读"阅读单"，把学生之间的差异作为重要的课程资源，注重"兵教兵"，尤其要关注后进生的学习困难，及时给予指导与帮助。

3. 全班交流。反馈、交流"探究任务"的完成情况，以及"我的学习体会"和"我的疑问"，引导学生将对"冰雹猜想"的探究引向课外。

❖ 知识链接

冰雹猜想

所谓"冰雹猜想"，是指如果按照一定的规则反复计算下去，从 $2n$ 出发，不论 n 如何庞大，都会像冰雹一样迅速坠落，直到掉入"数字黑洞"1。而其他的数字即使不是如此，在按照此规则经过若干次的变换之后也必然会得到纯偶数 4n，最终也会掉入"数字黑洞"1。

具体是什么规则呢？就是从任何一个自然数开始，连续进行如下运算：

若是奇数，就把这个数乘以 3 再加 1；若是偶数，就把这个数除以 2。一直按这个规则反复算下去，最终都将会得到数字 1。

比如，要是从 1 开始，就可以得到 $1 \rightarrow 4 \rightarrow 2 \rightarrow 1$；要是从 17 开始，则可以得到 $17 \rightarrow 52 \rightarrow 26 \rightarrow 13 \rightarrow 40 \rightarrow 20 \rightarrow 10 \rightarrow 5 \rightarrow 16 \rightarrow 8 \rightarrow 4 \rightarrow 2 \rightarrow 1$。有人可能会问：是不是每一个正整数按这样的规则演算下去都能得到"1"呢？这个问题就叫"考拉兹猜想"或"角谷猜想"（从名称看，显然是考拉兹和角谷提出的猜想）。

对于这个猜想，目前还没有反例，也没有去证明，但也有许多人曾经尝试去求证这个问题。虽然取得了一定的成果，但始终没能被彻底解决，这个问题似乎是无解的。据日本和美国的数学家攻关研究，小于 $7 \times 10 \times 11$ 的所有自然数，都符合这个规律。

"冰雹猜想"阅读单

〰〰〰〰〰〰〰〰〰〰〰〰〰〰〰〰

1976 年的一天，美国著名的《华盛顿邮报》在头版头条的显著位置罕见地报道了一条数学新闻：目前，美国各所大学的大学生和老师们都像发了疯一般，正在废寝忘食地玩一种数学游戏。什么游戏这么吸引人呢？这个游戏规则十分简单：先任意写出一个自然数，如果是单数，就将它乘以 3 再加 1；如果是双数，则将它除以 2。

为什么这个游戏这么吸引人呢？因为人们发现，对于任意一个自然数，按照上述这个规则重复进行下去，最终一定在 $4 \rightarrow 2 \rightarrow 1$ 中循环。也就是说，无论取什么数，只要按照这个规律计算下去，最后一定会掉入"数字黑洞"1。

下面我们也来亲自试验一下吧。

❖ 探究任务

1. 取个双数试一试，用了（　　　）步就掉入了"数字黑洞"1。

再取个单数试一试，用了（　　　）步就掉入了"数字黑洞"1。

2. 换一组数试验一下：
取个双数试一试，用了（　　　）步就掉入了"数字黑洞"1。

再取个单数试一试，用了（　　　）步就掉入了"数字黑洞"1。

3. 小组内同学互相报几个数，试验一下，看看几步就能掉入"数字黑洞"1。

有人把这个数学游戏称为"冰雹猜想"，这是因为在运算过程中，算出的数字忽大忽小，就像云中的小水滴，受到气流的冲击，忽高忽低，遇冷结冰，最后变为冰雹落了下来，而演算的数字最后也像冰雹落地一样，最终都会变成1。

冰雹的最大魅力在于不可预知性。英国剑桥大学教授约翰·何顿·康威找到了一个自然数27。虽然27是一个貌不惊人的自然数，但是如果按照上述方法进行运算，则它的上浮下沉异常剧烈：首先，27要经过77个步骤的变换到达顶峰值9232，然后又经过34个步骤到达谷底值1。全部的变换过程需要111步，其顶峰值9232是原有数字27的342倍多！亲爱的同学们，爱动脑筋的你们有没有兴趣在课外试一试，让27掉入"数字黑洞"1？

截至目前，还没有人能够证明"冰雹猜想"。这个问题似乎是无解的。你或许会好奇地说找个反例不就行了。是的，全球计算机也在没日没夜地找，可惜都没有找到反例。数字"1"是否是吸引所有自然数的"黑洞"呢？这个世界级难题期待着有人去解开谜底。亲爱的同学们，你们有兴趣去研究吗？

我的学习体会

我的疑问

奥运会中的数学

阅读指导要点提示

❖ 学习目标

1. 了解"奥运会"的有关知识，能运用数学知识解决奥运会比赛中的简单实际问题，提高发现问题、提出问题、分析问题和解决问题的能力，增强应用意识。

2. 激发学数学、用数学的兴趣，体验数学学习的价值，渗透爱国主义教育。

❖ 实施要点

1. 创设情境，激发学生探究"奥运会中的数学"的兴趣。

2. 自主阅读。给学生充分的时间去独立阅读"阅读单"，把学生之间的差异作为重要的课程资源，注重"兵教兵"，尤其要关注后进生的学习困难，及时给予指导与帮助。

3. 全班交流。反馈、交流"探究任务"的完成情况，以及"我的学习体会"和"我的疑问"。教师释疑解惑，提升思维。

❖ 知识链接

奥运起源

古希腊是一个神话王国，优美动人的神话故事和曲折离奇的民间传说为古奥运会的起源蒙上了一层神秘的色彩。关于古奥运会的起源，流传最广的是佩洛普斯娶亲的故事。

古希腊的伊利斯国王为了给自己的女儿挑选一个文武双全的驸马，提出应选者必须跟自己比赛战车。比赛中，先后有 13 个青年丧生于国王的长矛之下。而第 14 个青年正是宙斯的孙子、公主的心上人佩洛普斯。在爱情的鼓舞下，他勇敢地接受了国王的挑战。终于以智取胜。为了庆贺这一胜利，佩洛普斯与公主在奥林匹克的宙斯庙前举行盛大的婚礼，会上安排了战车、角斗等多项比赛，这就是最初的古奥运会，佩洛普斯成了古奥运会传说中的创始人。

奥运会中的数学知识

用数学的眼光去观察，你会发现奥运会中有许多数学知识。比如：

田径比赛的跑道很有学问，像 400 米起跑时，运动员并不在同一条起跑线上，这里就有数学中圆的周长的知识。

比赛中会出现很多数，比如运动员的号码是整数，射击的环数会精确到小数，我们经常听到的 $\frac{1}{8}$ 决赛、$\frac{1}{4}$ 决赛就是分数。

赛场上还有很多"名数"，比如 200 米、100 千克等。

有些比赛的成绩需要求平均数（如体操、跳水等），这里既有计算的知识，又有求平均数的知识。

田径中的铅球、铁饼、标枪等项目，它们的运动轨迹是抛物线，所以出手时物体与水平夹角为 45° 时，相对投掷得较远。

"奥运会中的数学"阅读单

奥运会是奥林匹克运动会的简称，发源于 2000 多年前的古希腊，因举办地在奥林匹亚而得名。古代奥林匹克运动会停办了 1500 年之后，法国人顾拜旦于 19 世纪末提出举办现代奥林匹克运动会的倡议。现代奥林匹克运动会是国际奥林匹克委员会主办的世界规模最大的综合性运动会，每四年一届，分为夏季奥运会和冬季奥运会。1896 年在希腊雅典举办了首届夏季奥运会，1924 年在法国夏蒙尼举办了首届冬奥会。

中华人民共和国成立之后，首次参加的夏季奥运会是 1984 年第 23 届美国洛杉矶奥运会，这次奥运会上，中国以 15 枚金牌的优异成绩震惊世界体坛。目前，中国已经跻身世界体育强国之列，在 2008 年第 29 届北京奥运会上，中国体育健儿共获得 51 枚金牌，名列金牌榜第一名。

奥运会中有许多数学知识，下面我们就来学习一下奥运会中的数学吧。

❖ **探究任务一**

1. 请你根据 2008 年北京奥运会金牌榜（见下表）中的数据，制作条形统计图。

排　名	国家／地区	金牌数
1	中国	51
2	美国	36
3	俄罗斯	23

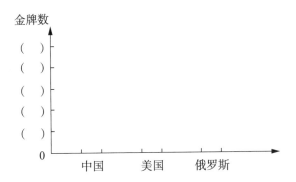

2. 请你根据上面的统计图提出一个数学问题，并解答。

❖ **探究任务二**

在奥运会的历史上，涌现出许多了不起的中国运动员。比如，中国短道速滑运动员王濛是第一位在同一届冬奥会上获得三枚金牌的运动员。再如，在 2004 年的奥运会上，中国选手刘翔在男子 110 米栏的比赛中获得了冠军，并打破了当时该项目的奥运会纪录（12.91 秒），也平了该项目当时的世界纪录。

1. 刘翔的比赛成绩是 12.91 秒，比当时的奥运会记录少了（   ）秒。第二名特拉梅尔的成绩是 13.18 秒，比刘翔落后了（   ）秒。

2. 2022 年北京冬奥会的吉祥物之一是"冰墩墩"，胖嘟嘟、呆萌可爱的"冰墩墩"深受消费者欢迎。奥运商品专卖店的一个"冰墩墩"徽章 48 元/个，王叔叔如果用 1000 元购买，最多可以买（   ）个"冰墩墩"徽章。

3. 北京冬奥会于 2022 年 2 月 4 日至 2 月 20 日举行，一共（   ）天。

❖ 探究任务三

奥运会的跳水项目一直是中国的强项，中国跳水队也被称为"梦之队"。2008 年男子单人 3 米跳板比赛中，何冲以领先第二名德斯帕蒂 32.45 分的优势进入最后一跳，秦凯则落后德斯帕蒂 7.65 分，排名第三。

下面是三名运动员最后一跳的得分。

何冲：100.70 分，德斯帕蒂：96.90 分，秦凯：98.00 分。

最后一跳前，秦凯落后何冲（   ）分。最后一跳结束后，这三名运动员的名次是怎样的？请用计算来说明。

❖ 探究任务四

2012 年伦敦奥运会女子 10 米气手枪决赛时，打过 7 枪后，中国选手郭文珺比法国选手格贝维拉总成绩落后 0.2 环。下面是两人第 8 枪和第 9 枪的射击环数。

选　手	第 8 枪	第 9 枪
郭文珺	9.8 环	10.4 环
格贝维拉	10.4 环	10.1 环

1.第 10 枪郭文珺打出了 10.8 环，格贝维拉至少需要打出多少环才能获得冠军？

2.格贝维拉第 10 枪的成绩是 8.8 环，两人的总成绩相差（　　　）环，最终（　　　）获得了这个项目的金牌。

我的学习体会

我的疑问

小数乘法的"另类"算法

阅读指导要点提示

❖ 学习目标

1. 理解古人"铺地锦"计算小数（整数）乘法的方法，能运用"铺地锦"的方法正确地计算整数乘法和小数乘法。

2. 发展阅读理解能力和计算能力，增强民族自豪感。

❖ 实施要点

1. 情境激趣。故事引入，激发学生探究"小数乘法计算方法"的兴趣。

2. 自主阅读。给学生充分的时间去独立阅读"阅读单"，把学生之间的差异作为重要的课程资源，注重"兵教兵"，尤其要关注后进生的学习困难，及时给予指导与帮助。

3. 全班交流。反馈、交流"探究任务"的完成情况，以及"我的学习体会"和"我的疑问"。教师释疑解惑。

❖ 知识链接

铺地锦

"铺地锦"是一种计算两数乘积的方法。

据说，这种方法最早出现在印度数学家婆什迦罗的一本著作中，其后又通过阿拉伯人传入欧洲，并很快在欧洲流行。15世纪中叶，意大利数学家帕乔利在《算术、几何及比例性质摘要》一书中曾介绍过这种方法，当时叫作"格子算法"。这种方法传入中国后也很风行，并受到数学家程大位的青睐，把它吸收进了名著《算法统宗》中。"格子算法"形如中国古代织出的锦缎，因此，中国人给这种算法起了一个很形象的名字——"铺地锦"。

"铺地锦"的计算方法如下：

1.先画一个长方形，把它分成 $m×n$ 个方格（m，n 分别为两个乘数的位数），在方格上边、右边分别写下两个因数。

2.用对角线把每个方格一分为二，分别记录上述各位数字相应乘积的十位数与个位数。

3.这些乘积由右下到左上，沿斜线方向相加，相加满十时向前进一。

4.得到结果（方格左侧与下方数字依次排列）。

比如要计算 $342×27$，两个因数分别是三位数和两位数，就可以画一个三列两行（竖为列，横为行）的方格，并画出一系列的对角线。在方格上方从左往右写上因数 342，每个方格上面写一个数字。右方从上往下写上因数 27（如下图）。

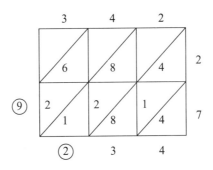

然后开始相乘：先用 2 分别乘以 3、4、2，得到 6、8、4，把这三个数字分别填在对应的方格中，均填在下半格。再用 7 分别乘 3、4、2，得到 21、28、14，把这三个数依次填在相应的方格中；各个积的个位数字填在右下的半格中，十位数字填在左上的半格中。

填完后，按斜线，把每两条斜线间夹的数字分别相加，它们的和写在方格外的相应位置。如果和超过 10，则方格外只记和的个位数字，而和的十位数字则在上一斜线间补记上。在上一斜线间数字求和时，这些补记的数字也要加进去（如上页图中加圈的两个数字）。全部加完后，从左上到右下沿着格子外读数，即是所求的积，即 $342 \times 27 = 9234$。

"小数乘法的'另类'算法"阅读单

同学们，我们已经知道，计算小数乘法，一般先按照整数乘法算出积，再看因数中有几位小数，就从积的右边起数出几位，点上小数点。除此之外，小数乘法还有一些"另类"算法，下面我们就来了解一下吧。

淘气这样计算 2.7×1.3，你能看明白吗？

	2	0.7
0.3	0.3×2	0.3×0.7
1	1×2	1×0.7

淘气的方法写成算式是这样的：

2.7×1.3

$= (2+0.7) \times 1.3$

$= 2 \times 1.3 + 0.7 \times 1.3$

$= 2 \times (1+0.3) + 0.7 \times (1+0.3)$

$= 2 \times 1 + 2 \times 0.3 + 0.7 \times 1 + 0.7 \times 0.3$

$= 2 + 0.6 + 0.7 + 0.21$

$= 3.51$

请你用竖式计算验证一下淘气的方法吧。

现在你也用淘气的方法试一试吧。

❖ **探究任务一**

1.（1）1.4 × 1.7=

	1	0.4
1	（　）×（　）	（　）×（　）
0.7	（　）×（　）	（　）×（　）

（2）1.4 × 1.7

　　=

（3）用竖式计算验证。

2.（1）3.2 × 2.6=

	3	（　）
2	（　）×（　）	（　）×（　）
（　）	（　）×（　）	（　）×（　）

（2）3.2 × 2.6

　　=

（3）用竖式计算验证。

3. 想一想：整数乘法可以这样算吗？我们来试一试吧。

（1）46 × 75=

	40	6
70	（　）×（　）	（　）×（　）
5	（　）×（　）	（　）×（　）

（2）46×75

    =

（3）用竖式计算验证。

❖ **探究任务二**

仔细看下图，你能看明白 46×75 是怎样计算的吗？

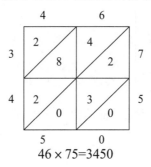

$46 \times 75 = 3450$

这种算法最早出现在 500 多年前的意大利，被称为"格子算法"，后来在明朝的时候与笔算等同时传入中国。因计算完了以后，形状像中国古代织出的铺在地上的锦缎，因此，我们将这种算法叫作"铺地锦"。

以上面的两位数乘两位数"46×75"为例，计算方法是：先画一个长方形，把它分成 2×2 个方格，在方格上边、右边分别写下两个因数。再用对角线把每个方格一分为二，分别记录上述各位数字相应乘积的十位数与个位数。然后这些乘积由右下到左上，沿斜线方向相加，相加满十进一，最后把方格左侧和下方的数字依次排列起来，结果为 3450。

1. 请你用"铺地锦"的方法计算 79×68。

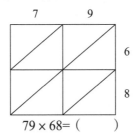

$79 \times 68 = （\qquad）$

我们用竖式计算来验证一下刚才的计算结果吧。

2. 如果要计算小数乘法，能用这种"铺地锦"的方法吗？比如计算 3.2×2.5。

（提示：可以先把小数乘法转化为整数乘法，用"铺地锦"的方法算出 32×25，再在积里点上小数点就可以了。）

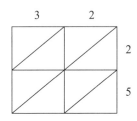

3. 请你评价一下：乘法的"铺地锦"方法与你熟悉的竖式方法有什么共同之处？各自的优点是什么？

> **我的学习体会**

> **我的疑问**

"神通广大"的数字编码

阅读指导要点提示

❖ 学习目标

1. 通过对身份证号码的观察、比较等活动，初步体会数字编码的基本编排原则：有序性、结构性、简洁性，初步体验数字编码中所蕴含的丰富而有效的信息。

2. 通过呈现生活中大量的"编码"事例，体验在信息化、数字化时代中"编码"的广泛存在性。

3. 感受 10 个"阿拉伯数字"的神奇魅力，体验数学的魅力。

❖ 实施要点

1. 创设情境，激发学生阅读、探究"生活中的编码"的兴趣。

2. 自主阅读。给学生充分的时间去独立阅读"阅读单"，把学生之间的差异作为重要的课程资源，注重"兵教兵"，尤其要关注后进生的学习困难，及时给予指导与帮助。

3. 全班交流。反馈、交流"探究任务"的完成情况，以及"我的学习体会"和"我的疑问"。

❖ 知识链接

数字编码

数字编码是只采用数字和有关特殊字符来表示数据和指令的编码。

数字编码在生活中的作用有：

1. 归档整理方便，特别是在电子管理系统中。使用数字编码可以更好地区分文档的存储区域，查找时，通过数字编码能轻而易举地找到。

2. 数字编码更容易进行管理。编码一样，管理方便，人员无论怎么换，程序和事务不会乱。

3. 从数字上能得到详细的对应信息，如年月日、时分秒、单位、部门、建档人等。比如，对于小型汽车号牌，车牌号的第一个是汉字，代表该车户口所在省（市、自治区）的简称；第二个是英文，代表发牌机关代号；第三个是序号，由阿拉伯数字或阿拉伯数字和英文字母组成，位数为五位。如果你是第一个在该省该地区上车牌的人，从理论上讲，你的车牌后五位就是 00001。

4. 数字编码可以防止泄密。不了解编码系统的人很难明白编码的意义，在浩瀚的数字中就像进入迷宫一样，找不到所需要的信息。

"'神通广大'的数字编码"阅读单

（一）

数字可以表示顺序，比如第 1 个、第 5 个、第 100 个；也能表示数量，比如 1 个人、5 匹马、30 米；还能用来编码。编码是把一些数字按一定规则排列起来，表示特定信息的一种方式，比如，110 表示报警电话，某个小区的邮政编码是 101102。

编码中最重要的是约定的规则，你能看懂下面编码中约定的规则吗？

❖ **探究任务一**

1. 幸福小区 1 号楼 3 单元 3 层 2 号的编码是 13302，那么该小区中的 5 号楼 4 单元 2 层 1 号的编码是（　　　　　　　　　　），21503 表示的是该小区的（　　　　　　　　　　　　　　　　　　）。

2. 在春季运动会上，赵兰是六年级 3 班的第 1 号运动员，他的编号是 6301。王丽的号码是 3203，她是（　　　）年级（　　　）班的第（　　　）号运动员。

3. 阳光小学为学生编号，设定末尾用 1 表示男生，用 2 表示女生。例如，20163111 表示"2016 年入学三班的 11 号学生，该学生是男生"。那么，20181022 表示（　　　　　　　　　　　　　　　　　　　　）。

4. 学校组织"垃圾分类知识"竞赛，每个班派出 12 名选手参赛。下面是其中两位选手的个人信息。

403011　　　　　502052

（1）观察发现：选手编码的第 1 个数字表示（　　　），第 2、3 个数字表示（　　　），第（　　　）个和第（　　　）个数字表示选手的序号，最后一个数字，"1"表示（　　　），"2"表示（　　　）。

（2）如果是六（4）班的 11 号男选手，他的参赛编码是（　　　　　　）。如果是四（2）班的 8 号女选手，她的参赛编码是（　　　　　　）。

（3）某选手的参赛编码是 503102，这位（　　　）号选手来自（　　　）年级（　　　）班，是一位（　　　）生。

（二）

每一位中国公民都有身份证。身份证很重要，外出住宾馆，乘坐火车、飞机，去银行柜台办理业务等，都需要提供个人身份证，我们要用心保管好自己的身份证。个人身份证上有自己的公民身份证号码，每个人的身份证号码都不一样。

身份证号码由 18 位数字组成，前 6 位数字表示这个人所在的省、市、区（县）的代码，叫作地址码。第 7—14 位数字表示这个人出生的年、月、日，叫作日期码。第 15、16 位数字表示这个人户口所在地的派出所的代码。

第 17 位数字表示性别，单数表示男性，双数表示女性。第 18 位数字是校验码，是根据前面 17 位数字按照公式计算出来的，主要是便于计算机核对，保证每个人的身份证号码都不一样。如果算出的结果是 10，为了保证身份证号码都是 18 位，就用罗马数字"X"表示，因此有的身份证号码的最后一位就是"X"。

❖ **探究任务二**

1. 你的身份证号码是（ ），可以知道你的出生日期是（ ）年（ ）月（ ）日，身份证号码的第 17 位是（ ），表示你是（ ）性。

2. 下面是小丽爸爸、妈妈和爷爷三人的身份证号码，但是她不记得三个号码分别是谁的了，你能帮帮她吗？（在身份证号码后面的括号里填空）

（1）××××××198012215612 （ ）

（2）110×××194506073415 （ ）

（3）××××××197909283461 （ ）

可能有同学会觉得身份证号码太长了，有些麻烦，但事实上，身份证号码能规定成这个样子，已经是人们能够想到的最简单的办法了。过去的身份证号码都是 15 位（少了年份中的前两位，比如 1998 写成 98，还少了一个"校验码"），后来才变成 18 位，知道是为什么吗？给大家讲两个故事。

第一个故事是计算机"千年虫"问题。

计算机"千年虫"是指在某些使用了计算机程序的系统中，由于其中的年份只使用两位数来表示，计算机无法正确识别 2000 年及其以后的年份，因此当计算机系统涉及跨世纪的日期处理运算时，就会出现错误的结果，进而引发各种各样的系统功能紊乱，甚至崩溃。

第二个故事发生在 1999 年的美国堪萨斯州。

一位 1894 年出生的老奶奶，突然收到户籍机构电脑发出的幼儿园入学通知单。因为在电脑数据库中，她的出生年份没有"18"这两个数字，电脑便认为她是 1994 年出生的，正好 5 岁，而那年她应该是 105 岁。

❖ **探究任务三**

想一想，生活中还会遇到哪些编码。

综上可以看出，数字编码确实很有用！难怪有人说："今天我们都成了'号码'，有银行卡号码、护照号码、车牌号码等。没有号码，我们有时候就像不存在似的。"

> **我的学习体会**

> **我的疑问**

▌用计算器探索规律

阅读指导要点提示

❖ 学习目标

1. 认识计算器，学会用计算器进行计算。

2. 在用计算器进行计算时，能通过观察、分析，发现算式中的规律，并能按规律直接填写得数，发展推理意识。

3. 在发现规律的过程中，体会数学中的美以及探究的乐趣。

❖ 实施要点

1. 创设情境，激发学生阅读的兴趣。

2. 自主阅读。给学生充分的时间去独立阅读"阅读单"，把学生之间的差异作为重要的课程资源，注重"兵教兵"，尤其要关注后进生的学习困难，及时给予指导与帮助。

3. 全班交流。反馈、交流"探究任务"的完成情况，以及"我的学习体会"和"我的疑问"。教师适时进行点拨与提升。

❖ 知识链接

电子计算器与计算机

电子计算器是能够进行数学运算的手持电子机器。常见的计算器包括算术型计算器和科学型计算器。算术型计算器可进行加、减、乘、除等简单的四则运算，又称简单计算器。科学型计算器可进行乘方、开方、指数、对数、三角函数、统计等方面的运算，又称函数计算器。

计算器与计算机的最大区别在于：计算器只是简单的计算工具，有些机型具备函数计算功能，有些机型具备一定的储存功能，但一般只能存储几组数据。而计算机则具备复杂的存储功能、控制功能，更加强大，在中国俗称"电脑"。

计算器和计算机一样都能够实现数据的录入、处理、存储和输出，但它与计算机的区别是，计算器不能自动地实现这些操作过程，必须由人来操作完成。而计算机通过编制程序能够自动进行处理。所以以自动化程度来区别二者，就在于是否需要人工干预其运行。

超级计算机

超级计算机是 1929 年《纽约世界报》中最先报道出的一个名词，它是将大量的处理器集中在一起以处理庞大的数据量，同时运算速度比常规计算机快很多倍。一般来说，超级计算机的运算速度平均每秒 1000 万次以上，存储容量在 1000 万位以上。

超级计算机可以代表一个国家在信息数据领域的综合实力，甚至可以说影响到国家在世界科学技术上的地位。2016 年，"神威太湖之光"超级计算机的出现，标志着中国进入超算世界领先地位。从 2016 年开始，中国超算进入全球计算机 TOP500 榜单的数量，除了 2017 年 6 月稍下滑位居第二外，基本上一直稳居世界第一。

"用计算器探索规律"阅读单

同学们，你们认识计算器吗？计算器是生活中常用的计算工具，你知道计算器上每个键的作用吗？一般地，"开机键"上面写着 ON/AC，"关机键"上面写着 OFF。计算器上还有"数字键""运算符号键"，有的计算器上的"÷"写作"/"……

❖ 探究任务一

1.用计算器计算 35×7：先开机，再依次按 3、5 键，屏幕上显示为"35"，然后按"$\times$"键，接着按"7"键，最后按"="键，屏幕上出现的数（　　）就是计算的结果。如果输错了可以按"MRC"键清除。

2.用计算器算一算。

（1）$416000 \div 128=$（　　　）

（2）$782 \times 534-1734=$（　　　）

在运算中，有很多有趣的算式，下面我们就用计算器去探索算式背后的规律吧。

❖ 探究任务二

1.用计算器计算出下面三道题的得数，你发现了什么？

$1 \times 1=$（　　　）

$11 \times 11=$（　　　）

$111 \times 111=$（　　　）

我的发现：

你能继续写出两个这样的算式和结果吗？再用计算器验证一下。

$1111 \times$（　　　）$=$（　　　）

（　　　）$\times$（　　　）$=$（　　　）

2.用计算器计算出下面几道题的得数，你发现了什么？

$15 \times 15=$（　　）　　　$45 \times 45=$（　　　）

$25 \times 25=$（　　）　　　$55 \times 55=$（　　　）

$35 \times 35=$（　　）　　　$65 \times 65=$（　　　）

我的发现：

先按照你发现的规律填空，再用计算器验证结果。

(   ) × (   ) = (   )

(   ) × (   ) = (   )

(   ) × (   ) = (   )

3. 观察下面的算式和得数分别有什么特点，你能再写出几个这样的算式吗？用计算器验证结果。

$1 × 9 + 2 =$ (   )

$12 × 9 + 3 =$ (   )

$123 × 9 + 4 =$ (   )

$1234 × 9 + 5 =$ (   )

$12345 × 9 +$ (   ) = (   )

$123456 ×$ (   ) + (   ) = (   )

怎么样，是不是感觉到用计算器计算很方便？那么，是不是用计算器计算一定比人脑计算更快、更准呢？我们再试几道题吧。

❖ **探究任务三**

1. $11 + 13 + 15 + 17 + 19 + 21 + 23 + 25 + 27 + 29 =$ (   )。

2. 用 9、9、8、6、4、2、1、1 这八个数字，组成两个四位数，如果使这两个数的和最大，这两个数分别是（   ）和（   ），它们的和是（   ）。

3. 已知：$12345 × 9 = 111105$

$12345 × 18 = 222210$

$12345 × 27 = 333315$

$12345 × 36 = 444420$

我发现上面算式和得数的规律是：

所以，12345×45=（　　）

12345×54=（　　）

12345×63=（　　）

怎么样，是不是动脑筋找到规律后，利用规律计算比用计算器计算更快？

我的学习体会

我的疑问

奇妙的回文数

阅读指导要点提示

❖ 学习目标

1. 通过观察、计算等活动发现数的排列规律，认识"回文数"，发展数感和推理意识。

2. 增强发现和欣赏数学美的意识，开阔视野，增长见识。

❖ 实施要点

1. 创设情境，激发学生阅读的兴趣。

2. 自主阅读。给学生充分的时间去独立阅读"阅读单"，把学生之间的差异作为重要的课程资源，注重"兵教兵"，共同提高。

3. 全班交流。反馈、交流"探究任务"的完成情况，以及"我的学习体会"和"我的疑问"。

❖ 知识链接

回文数

回文是指正读反读都能读通的句子，它是古今中外都有的一种修辞方式和文字游戏，如"我为人人，人人为我"等。在数学中也有一类数字有这样的特征，称为回文数。设 n 是一任意自然数，若将 n 的各位数字反向排列所得自然数 n_1 与 n 相等，则称 n 为回文数。例如，$n=1234321$，$n_1=1234321$，则 1234321

便是回文数。

在自然数中，最小的回文数是 0，其次是 1，2，3，4，5，6，7，8，9，11，22，33，44，55，66，77，88，99，101，111，121，131……

● 平方回数

一个回文数，它同时还是某一个数的平方，这样的数字叫作平方回数。例如，121。100 到 1000 的平方回数只有 3 个，分别是 121、484、676。其中，121 是 11 的平方，484 是 22 的平方，676 是 26 的平方。

● 回文算式

$12 \times 42 = 24 \times 21$

$34 \times 86 = 68 \times 43$

$102 \times 402 = 204 \times 201$

$1012 \times 4202 = 2024 \times 2101$

上面这些算式，等号两边各有两个因数。如果把每个算式中的"×"和"="去掉，那么，它们都变成回文数。我们把这些算式叫作"回文算式"。

不知你是否注意到，如果分别把上面的回文算式等号两边的因数交换位置，得到的仍是一个回文算式，比如，把"$12 \times 42 = 24 \times 21$"等号两边的因数交换位置，得到算式是：$42 \times 12 = 21 \times 24$。这仍是一个回文算式。

还有更奇妙的回文算式：

$12 \times 231 = 132 \times 21$（积是 2772）

$12 \times 4032 = 2304 \times 21$（积是 48384）

这种回文算式，连乘积都是回文数。

"奇妙的回文数"阅读单

"回文"是古今中外都有的一种修辞方式和文字游戏，比如，"妈妈爱我，我爱妈妈""我为人人，人人为我"。像对联中也有"回文诗"，比如，"寺佛大过人，人过大佛寺"，无论是正着读，还是倒着读，都能读通，令人回味无穷。请你也来续写一句："客上天然居，_____"倒着读一读。怎么样，很神奇吧！

数学上也有回文数。回文数是指从左往右读与从右往左读都一样的整数，比如 1、11、22、3443、94249 等。

想一想，小数有回文数吗？为什么？

我的想法：

❖ **探究任务一**

我能写 2 个两位数的回文数：（　　　）（　　　　）。

我能写 2 个三位数的回文数：（　　　）（　　　　）。

我能写 2 个四位数的回文数：（　　　）（　　　　）。

我能写一个更大的回文数：（　　　）。

❖ **探究任务二**

1. 探究：两位数的回文数一共有多少个？

两位数的回文数里，个位上的数字可以填 0—9，十位上的数字也可以填 0—9，而且个位和十位上的数字必须相等，这样一共有（　　　）个两位数的回文数。

2. 探究：三位数的回文数一共有多少个？

回文数的数字是中心对称的，淘气用中心对称的方法探究了三位数中一共有多少个回文数，他是这样想的：

1 □ 1，个位和百位上都是 1，十位上的数字可以填 0—9，即 101、111、121、131、（　　　）、（　　　）、（　　　）、（　　　）、（　　　）、191，共 10 个；

2 □ 2，个位和百位上都是 2，十位上的数字可以填 0—9，共（　　　）个；

……

以此类推，9□9，十位上的数字也能填 0—9，共（　　　）个。

这样一共有 9 个 10，所以三位数的回文数共有（　　　）×（　　　）=（　　　）个。

怎么样，你读懂淘气的方法了吗？请你试着用淘气的方法找一找四位数的回文数一共有多少个吧。

3.探究：四位数的回文数一共有多少个？

比如，1□□1，十位上的数字可以填 0—9，百位上的数字也可以填 0—9，而且十位和百位上的数字必须相等，这样一共有（　　　）个。

……

所以，四位数的回文数一共有（　　　）×（　　　）=（　　　）个。

❖ **探究任务三**

关于回文数，还有一个著名的"回文数猜想"。在电子计算器的实践中，还发现了一桩趣事：任何一个自然数与它的倒序数相加，所得的和再与和的倒序数相加……如此反复进行下去，经过有限次步骤后，最后必定能得到一个回文数。

比如：自然数 194，把 194 倒过来写就是 491，194+491=685，再把 685 倒过来写就是 586，586+685=1271，再把 1271 倒过来写是 1721，1271+1721=2992，2992 就是一个回文数。

你也举两个例子试一试吧：

比如：

再比如：

这仅仅是个猜想，因为有些数并不"驯服"。比如 196，按照上述变换规则重复了数十万次，仍未得到回文数。但是人们既不能肯定运算下去永远得不到回文数，也不知道需要再运算多少步才能最终得到回文数。因此，"回文数猜想"仍是一个悬案。

我的学习体会

我的疑问

▌"小数的意义"单元开启课

阅读指导要点提示

❖ 学习目标

1. 通过阅读，唤醒对"小数"的已有知识和经验，为"小数的意义和性质"的学习做好准备。

2. 了解小数的产生历史，开阔视野，增长见识。

❖ 实施要点

1. 创设情境，激发学生"学习小数"的兴趣。

2. 自主阅读。给学生充分的时间去独立阅读"阅读单"，把学生之间的差异作为重要的课程资源，注重"兵教兵"，共同提高。

3. 全班交流。反馈、交流"探究任务"的完成情况，以及"我的学习体会"和"我的疑问"。

❖ 知识链接

小数概念的内涵梳理

三年级初步认识小数时，是从分母为 10、100、1000……的分数引入的，这样容易造成小数是特殊的分数的误解。实际上，有限小数和无限循环小数称为有理数，无限不循环小数称为无理数，有理数与无理数统称实数。也就是说，分数等价于有理数，小数等价于实数，分数是小数的子集。

小数所承载的数学思想方法在于扩充自然数，使得可以用"数"来表示小于单位"1"的量。小数其实是在整数、十进分数基础上的同化，是对整数的十进制计数法的拓展。在认识整数时，个位满十向十位进一，十位满十向百位进一……反过来，把计数单位"百"平均分成十份，一份就是计数单位"十"；把计数单位"十"平均分成十份，一份就是计数单位"个"。以此类推，把计数单位"个"平均分成十份，一份就是"个"的十分之一，称其为十分位……按照"逢十进一"和"退一作十"的规则建构出来的小数，可以和整数一起构成完整的位值制系统，这正是小数的意义和核心所在。从这个角度来理解自然数和小数，无论是数的认识还是计算，其思想方法是一致的，都可以实现方法的类比、迁移和举一反三。

小数的教学

小学学习"小数"一般分两个阶段进行：一是三年级的"小数的初步认识"；二是四年级的"小数的意义"。那么，在教学中如何把握这两个阶段的不同要求，即什么是"初步认识"，什么是"意义"的学习？"小数的初步认识"与"小数的意义"的教学应该在什么地方有所区别呢？怎样安排二者的教学层次来促进学生对小数形成深刻理解呢？

"小数的初步认识"与"小数的意义"的学习有如下不同。

1. 小数的初步认识。

"小数的初步认识"的教学，应当基于生活经验，借助于学生熟悉的"元、角"与"米、分米"，以"小数点"为标识知道小数中每一个数字的具体意义。要让学生初步体会到"单位"的意义与价值，同一个量，采用的单位不同，其结果就用不同的数来表示。比如，1.5 元 =15 角 =150 分，初步体会现实的量的单位之间的"分"与"聚"；初步感悟小数点右边的"数字"的现实意义，但不涉及计数单位。总之，"小数的初步认识"中不把小数作为一个抽象的"数"，不脱离具体的"量"，从而让学生更好地理解"平均分成 10 份才能产生小数"和"其中的几份就是零点几"。

2. 小数的意义。

"小数的意义"的教学，应当结合具体的量，让学生体验单位的不同导致度量结果用不同的数表示。单位越小，度量的结果越精确。对小数的计数单位有系统深刻的认识，理解相邻计数单位之间的十进关系。拓展对"数概念"的系统认识（从自然数拓展到小数），初步体会人类追求完美、追求精确的需要产生了更小的度量单位，由此产生更小的计数单位。数学为了适应现实的需要，将数的概念从自然数拓展到小数，完善、丰富了学生对"数"的认知结构，渗透了位值制的思想。

在小数意义的学习中，体会计数单位的拓展非常重要，而且传承了自然数十进的计数单位，沟通了与自然数之间的密切联系，完善了数结构。在自然数范围内，1 是最小的计数单位，其他计数单位是以 1 为基础，满 10 个就记作一个新的计数单位，其他计数单位可以看作是"1"的"聚集"。体现在数位顺序表中，就是以"1"为基准，从右向左，计数单位越来越大，且永远没有最大的计数单位。而小数则是以"1"为基础，是对"1"的分解，每次都是平均分成 10 份，产生新的计数单位。在数位顺序表中，仍以"1"为基准，从左向右，计数单位越来越小，永远没有最小的计数单位。数的结构体现出对称与完美。

"'小数的意义'单元开启课"阅读单

（一）

小数的出现是数学历史上的一件大事。令我们十分自豪的是，小数是中国古代数学家最早提出和使用的。早在 3 世纪（距今约 1800 年），中国古代数学家刘徽在计算时为了表达得更精确，就把整数个位以下那些没有明确单位的数称作"徽数"。

小数的名称是 13 世纪中国元代数学家朱世杰最早提出的。那时候，中国还用算筹（即小棒）来计数。为表示小数，就把整数个位以下的数放低一格，如 2.15 就摆成 ‖ 一 ‖‖‖‖，这是世界上最早的小数表示方法。

虽然中国是最早提出和使用小数的国家（比欧洲早 300 多年），但现代小数的表示方法却是从欧洲传入中国。1585 年，荷兰工程师斯蒂文在他发表的文章中明确阐述了小数理论。不过，他的小数记法并不高明，如一百三十九点六五四，他写作 139 ⊙ 6①5②4③，每个数后面圈中的数是用来指明它前面数字的位置。这种表示方法，如果用于计算的话，就太麻烦了。

1592 年，瑞士数学家布尔基对此做了较大的改进。他用一个空心小圆圈把整数部分和小数部分隔开来表示小数，如把三十六点五表示为 36。5，这和我们现在用的小圆点来分割整数部分与小数部分的记法已经很接近了。

1593 年，德国数学家克拉维斯在他的著作中首先用小圆点代替了小圆圈，这个小圆点就是小数点。至此，小数的现代记法才被正式确立下来。

怎么样，小数产生和发展的历史是不是很漫长？通过小数发展的历史，可以看出，数学家们一直在不懈努力地创造更简洁明了的表示方法。

数学家们为什么会提出和使用小数呢？一个重要原因是，人们在进行测量和计算时，往往不能正好得到整数的结果，这时就要用小数来表示。比如，今天的最高气温是 21.5℃；乐乐的身高是 1.5 米，也就是 15 分米；一个练习本的价格是 1.35 元，也就是 1 元 3 角 5 分。

小数的产生还有一个重要原因。我们先来比较一下下面的两种说法。

1.2018 年平昌冬奥会，中国运动员武大靖在短道速滑男子 500 米决赛中，以 39 秒多的成绩打破世界纪录，赢得平昌冬奥会首枚金牌。

2.2018 年平昌冬奥会，中国运动员武大靖在短道速滑男子 500 米决赛中，以 39.584 秒的成绩打破世界纪录，赢得平昌冬奥会首枚金牌。

❖ 探究任务一

1. 你觉得上面两种说法哪种更好？为什么？

2.（1）在我们的生活中，小数随处可见。比如，娜娜的身高是 1.11 米，她的体温是 36.6℃，文具店里的铅笔是 1.11 元一支，黑板面的长 2.85 米、宽 1.3 米……像 1.11、36.6、2.85、1.3 这样的数都是小数，中间的小圆点"."叫作（　　　）。

（2）你知道下面的小数是什么意思吗？

1.11 米 = （　　　）米 （　　　）分米 （　　　）厘米

1.11 元 = （　　　）元 （　　　）角 （　　　）分

2.85 米 = （　　　）米 （　　　）厘米

1.3 米 = （　　　）米 （　　　）分米

3. 想一想，填一填。

（1）1分米是1米的（　　　）（填分数），也可以写成（　　　）米（填小数）；1厘米是1米的（　　　）（填分数），也可以写成（　　　）米（填小数）。

（2）1.39元中的"3"表示3（　　　），5.63元中的"3"表示3（　　　），3.04元中的"3"表示3（　　　）。（填上合适的单位名称）

（3）0.73米中的"3"表示3（　　　），3.25米中的"3"表示3（　　　），6.318米中的"3"表示3（　　　）。（填上合适的单位名称）

（二）

小数由三部分组成，中间是小数点"·"，小数点左边是整数部分，右边是小数部分。你知道怎样读小数吗？整数部分要按照整数的读法来读，小数部分要按照各数位上的数字顺次来读，比如，0.73 读作零点七三，而不是零点七十三。

❖ 探究任务二

1. 陆地上最大的动物是非洲象，它的高度大约是 3.5 米，横线上的数读作（　　　）米。

2. 世界上最大的鸟是鸵鸟，它的高度可达 2.75 米，横线上的数读作（　　　）米。

3. 世界上最小的鸟是蜂鸟，重约两克。它的蛋只有绿豆那么大，仅重零点五五七克，横线上的数写作（　　　）克。

4. 地球赤道的周长是四万零七十五点六九千米，横线上的数写作（　　　）千米。

小数点在小数中是不可缺少的，没有小数点的数就不是小数。历史上就有一件由小数点引发的悲剧。

1967 年 4 月 24 日，苏联著名宇航员费拉基米尔·科马洛夫独自驾驶着"联盟一号"宇宙飞船胜利返航。当飞船返回大气层后，科马洛夫无论怎么操作也无法使降落伞打开以减慢飞船的飞行速度。地面指挥中心采取了一切可能的措施帮助排除故障，但都无济于事。最终飞船坠毁，科马洛夫壮烈牺牲。

同学们，你们是否被这悲壮的场面所感染？当时的一切，据说就是因为地面检查时，忽略了一个小数点。

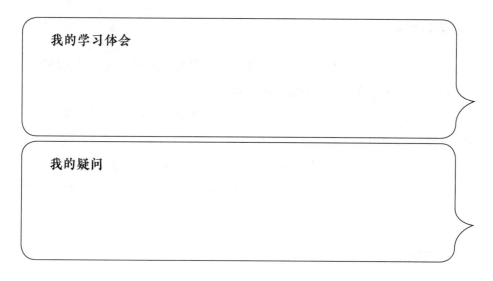

我的学习体会

我的疑问

▌密铺中的奥秘

阅读指导要点提示

❖ 学习目标

1.通过观察生活中常见的密铺现象，初步理解图形的密铺；通过拼摆各种图形，探索并了解能够进行密铺的平面图形的特点。

2.在探究多边形密铺条件的过程中，经历观察、猜测、推理、验证和交流等过程，发展几何直观和推理意识。

3.在欣赏密铺图案和设计简单的密铺图案的过程中，感受数学知识与生活的密切联系，经历欣赏数学美、创造数学美的过程，体验学习数学的价值。

❖ 实施要点

1.创设情境，激发学生阅读、探究"密铺"的兴趣。

2.自主阅读。给学生充分的时间去独立阅读"阅读单"，把学生之间的差异作为重要的课程资源，注重"兵教兵"，尤其要关注后进生的学习困难，及时给予指导与帮助。

3.全班交流。反馈、交流"探究任务"的完成情况，以及"我的学习体会"和"我的疑问"。

密　铺

密铺，即平面图形的镶嵌，用形状、大小完全相同的几种或几十种平面图形进行拼接，彼此之间不留空隙、不重叠地铺成一片，这就是平面图形的密铺，又称作平面图形的镶嵌。

可单独密铺的平面图形有哪些呢？

1. 我们知道，用地砖铺地时，如果用的地砖是正方形，它的每个角都是直角，那么四个正方形拼在一起，在公共顶点处的四个角正好能拼成一个 360°的周角。长方形也是如此。所以，长方形和正方形都能单独密铺。

2. 任何三角形都可以密铺整个平面。

证明：把两个三角形拼成一个平行四边形，然后将平行四边形上下叠放，从而密铺整个平面。

3. 任意凸四边形都可以密铺整个平面。

证明：类比刚才三角形的方法，四边形的内角和为 360°，所以可以先把四个四边形对应的不同的角拼在一起，使其拼成一个 360°。如下图所示。不同大小的角被集中到中央，接下来就是将不同的四边形按照同样的方法将周围补全。

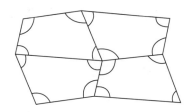

4. 正五边形不可以密铺。正五边形的每个内角都是 108°，而 360 不是 108的整数倍，因此在每个拼接点处的内角不能保证没空隙或发生重叠现象。

5. 正六边形可以密铺。正六边形的每个内角都是 120°，在每个拼接点处恰好能容纳三个内角。

除正三角形、正方形和正六边形外，其他正多边形都不可以密铺平面。

"密铺中的奥秘"阅读单

（一）

课前准备：每人剪若干个完全相同的三角形（任意形状）、若干个完全相同的四边形（任意形状），大小不限。

先请同学们欣赏几幅图：

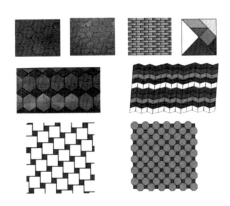

怎么样，看起来是不是很漂亮？像这样，用一种或几种平面图形进行拼接，没有空隙、没有重叠地铺在平面上，就是平面图形的密铺，也叫作平面图形的镶嵌。我们家里的卫生间、厨房、客厅的地板等大多是这种情况。

❖ 探究任务一

1. 我们已经学习过许多平面图形，如三角形、任意四边形（如正方形、长方形、平行四边形、梯形等）、圆形等。猜一猜，哪些图形能够密铺？

我猜一定可以密铺的有（　　　）。

我猜有可能可以密铺的有（　　　）。

我猜不可能密铺的有（　　　）。

我的想法是：

2. 小组合作，用选择的图形拼一拼，然后把你的试验结果填写在下面。

能够密铺的图形有：

不能密铺的图形有：

（二）

想一想，为什么有的图形可以密铺，有的图形不能密铺呢？这里面有什么奥秘呢？我们继续来探究。

❖ **探究任务二**

1. 四个正方形拼在一起（如下图），中间拼接点上有四个角，这四个角都是（　　）角，它们的和是（　　）°，是一个（　　）角。

2. 在下面的三个图形中，几个三角形或者四边形拼在一起，中间拼接点的几个角正好也拼成了一个（　　）角，是（　　）°。

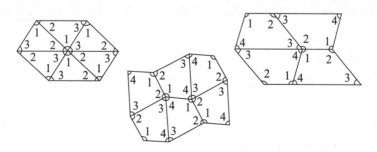

我发现：密铺的图形每个拼接点的各个角的和是（　　）°，也就是说，

单个图形只要满足这个条件，就可以密铺。

当然，除了用一种图形单独密铺之外，还可以用形状、大小完全相同的几种或几十种平面图形进行密铺（如下图），这些图形每个拼接点的各个角的和也是（　　）°。

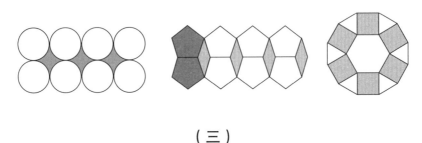

（三）

1.埃舍尔的"数学画"。

埃舍尔（1898—1972 年）是荷兰版画家，因其绘画中的数学性而闻名。埃舍尔的主要创作方式包括木板、铜板、石板、素描。在他的作品中可以看到对"对称""密铺"等数学概念的形象表达，给人留下了深刻印象。下面就来欣赏两幅他的作品吧。

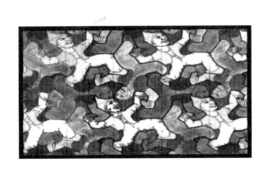

2.蜂巢中的秘密。

大自然的"能工巧匠"小蜜蜂做的正六边形蜂巢就是利用了图形密铺的原理（见下页图）。为什么是正六边形？这其实是一个很简单的数学问题。假设我们想用相同形状和大小的图形密铺一个平面（使图形不留空隙，也不互相重叠地铺满整个平面），那么只有三种正多边形可以做到：正三角形、正方形和正六边形。在铺满同等面积的情况下，使用正六边形所需要的周长之和最小。因为蜂巢是用蜂蜡做的，而蜜蜂产出蜂蜡要消耗能量，为了节省些力气，蜜蜂便选择了正六边形蜂巢。

人们早在 18 世纪就发现了这一点，用达尔文的话说，正六边形的蜂巢是"最省劳动力，也最省材料的选择"。他认为，既然六边形蜂巢所需要的能量和时间是最少的，那么在自然选择的作用下，这种建造方式就成了蜜蜂的本能。

❖ **探究任务三**

请你也发挥想象力，在下面的方格纸上设计一份漂亮的密铺图案吧。

我的学习体会

我的疑问

计算工具的"前世今生"

阅读指导要点提示

❖ 学习目标

1. 通过自主阅读，了解计算工具演变的历史。
2. 认识常用的计算工具——算盘，能用算盘进行简单的计算。
3. 感受计算工具的发展对人们工作与生活的影响，激发科学探索精神。

❖ 实施要点

1. 创设情境，激发学生阅读、了解"计算工具的发展"的兴趣。
2. 自主阅读。给学生充分的时间去独立阅读"阅读单"，把学生之间的差异作为重要的课程资源，注重"兵教兵"，尤其要关注后进生的学习困难，及时给予指导与帮助。
3. 全班交流。反馈、交流"探究任务"的完成情况，以及"我的学习体会"和"我的疑问"。教师释疑解惑。

❖ 知识链接

计算机发展简史

1642 年，法国数学家帕斯卡发明了帕斯卡加法器。这是人类历史上第一台机械式计算工具，其原理对后来的计算工具产生了持久的影响。1673 年，德国数学家莱布尼茨研制了一台能进行四则运算的机械式计算器，称为莱布尼兹四则运算器。这台机器在进行乘法运算时采用的方法，后来演化为二进制，被现代计算机采用。

1886 年，美国统计学家赫尔曼·霍勒瑞斯制造了第一台可以自动进行加减乘除四则运算、累计存档、制作报表的制表机。这台制表机参与了美国 1890 年的人口普查工作，使预计 10 年的统计工作仅用 1 年 7 个月就完成了，是人类历史上第一次利用计算机进行大规模数据的自动处理。

1938 年，德国工程师朱斯研制出 Z–1 计算机，这是第一台采用二进制的计算机。

世界上第一台真正意义上的电子计算机于 1946 年研制成功。目前，计算机已经发展到了第四代。

计算机软件技术的发展也很快。50 年前，计算机只能被一些人使用；今天，计算机的使用非常普遍，甚至没有上学的孩子都可以灵活操作。40 年前，文件不能快捷地在两台计算机之间进行交换，甚至在同一台计算机的两个不同的应用程序之间进行交换也很困难；今天，网络为两个平台和应用程序之间提供了无损的文件传输。30 年前，多个应用程序不能快捷地共享相同的数据；今天，数据库技术使得多个用户、多个应用程序可以互相覆盖地共享数据。

"计算工具的'前世今生'"阅读单

（一）

人们的生活离不开计算。自古以来，人类就在不断地发明和改进计算工具。从古老的"结绳记事"，到算盘、计算尺、差分机，再到 1946 年第一台电子计算机诞生，计算工具经历了从简单到复杂、从低级到高级、从手动到自动的发展过程，而且还在不断发展。

人类最初用手指进行计算。人有两只手，十个手指头，所以，自然而然地习惯用手指计数并采用十进制计数法。用手指进行计算虽然很方便，但计算范围有限，计算结果也无法存储。于是人们用绳子、石子等作为工具来延长手指的计算能力和存储能力，如《周易·系辞》中记载的"上古结绳而治"，拉丁文中"*Calculus*"的本意是"用于计算的小石子"。

　　最原始的人造计算工具是算筹，中国古代劳动人民最先创造和使用了这种简单的计算工具。算筹最早出现在何时，现在已经无法考证，但在春秋战国时期，算筹的使用已经非常普遍了。据记载，算筹是一根根同样长短和粗细的小棍子，一般长 13~14 厘米，粗 0.2~0.3 厘米，多用竹子制成，也有用木头、兽骨、象牙、金属等材料制成，如右图所示。算筹采用十进制计数法，有纵式和横式两种摆法，这两种摆法都可以表

示 1—9 这九个数字，数字 0 用空位表示，如下图所示。算筹的计数方法为：个位用纵式，十位用横式，百位用纵式，千位用横式……这样从右到左，纵横相间，就可以表示出任意大的自然数。

纵式：｜　‖　‖‖　‖‖‖　‖‖‖‖　丅　丅丅　丅丅丅　丅丅丅丅

横式：一　二　三　亖　亖　⊥　⊥　⊥　⊥

　　　　1　2　3　4　5　6　7　8　9

　　计算工具发展史上的第一次重大改革是使用算盘（如右图），这也是中国古代劳动人民首先创造和使用的。算盘由算筹演变而来，并且和算筹并存竞争了一个时期，最终在元代后期取代了算筹。算盘轻巧灵活、携带方

便，应用极为广泛，先后传到日本、朝鲜和东南亚等国家，后来又传入西方。算盘采用十进制计数法并有一整套计算口诀，例如，"三下五除二""七上八下"等，这是最早的体系化算法。算盘能够进行基本的算术运算，是公认的最早使用的计算工具。

　　20 世纪 40 年代，人类发明了第一台电子计算机。它是一个庞然大物，占地 170 平方米，重达 30 吨，一秒钟能计算 5000 次。随着科学技术的进步，计算机不断更新，比如，中国超级计算机系统"天河二号"，峰值计算速度达到每秒 5.49×10^{16} 次。它运算 1 个小时，相当于 13 亿人同时用计算器计算 1000 年，它的储存总容量相当于可以储存每册 10 万字的图书 600 亿册。

喜欢下象棋的人应该知道，人还和计算机下过棋呢！1996 年 2 月 10 日，电脑"深蓝"首次挑战国际象棋世界冠军加里·卡斯帕罗夫，但以 2：4 落败。随后，科学家把电脑"深蓝"加以改良。1997 年 5 月 11 日，计算机"深蓝"首次击败了国际象棋世界冠军加里·卡斯帕罗夫。随后，人工智能机器人向更复杂的围棋发起挑战。2016 年 3 月，围棋机器人阿尔法围棋（AlphaGo）与围棋世界冠军、职业九段棋手李世石进行围棋人机大战，以 4：1 的总比分获胜。2016—2017 年，该程序在中国棋类网站上以"大师"（Master）为注册账号，并与中、日、韩三个国家的数十位围棋高手进行比赛，连续 60 局无一败绩。2017 年 5 月，在中国乌镇围棋峰会上，它与排名世界第一的柯洁对战，以 3：0 的总比分获胜。围棋界公认阿尔法围棋的棋力已经超过人类职业围棋顶尖水平。

❖ **探究任务一**

了解了计算工具的发展历史后，你有什么感想？

（二）

同学们，你们见过算盘吗？尽管现在已经进入了电子计算机时代，但是算盘仍然在生活中发挥着它独特的作用，让我们一起来看看算盘的发展历程和它的独特魅力吧！

历史上，随着生产的发展，用小木棍进行计算受到了限制，于是，聪明的中国人发明了更先进的计算工具——算盘，距今已有 2600 多年的历史。算盘是中国古代的一项伟大、重要的发明，可以与中国古代四大发明相提并论。在阿拉伯数字出现之前，算盘是世界上广为使用的计算工具。2006 年 12 月，中国珠算被联合国教科文组织列为人类非物质文化遗产。

一般的算盘多为木制，上半部每个算珠代表 5，下半部每个算珠代表 1。每串算珠从右至左代表了"十进位"的个、十、百、千、万位数，至于哪一位是个位，完全由使用人自己规定。加上一套手指拨珠规则的运算口诀，就可解决各种加、减、乘、除的运算。

你听说过珠心算吗？像 35+76-53+42-56=（　　　），637×43=（　　　），3752+9287-4038=（　　　），你能口算出这些题目的答案吗？这些看起来很难的题目，学习过珠心算的小朋友能直接给出正确答案。珠心算是以珠算为基础，最终在大脑中形成的一种计算技能。这种技能的直接表现就是多位数的加、减、乘、除一口算清，极大地提高了计算能力。

❖ 探究任务二

1. 你会用算盘表示数吗？

观察下图，使用算盘的人是把从右往左数的第（　　　）位规定为个位。百位上的两颗算珠，一颗上珠表示（　　　），一颗下珠表示（　　　），合起来就是（　　　）。十位上一颗珠子也没有，表示（　　　）。个位上的两颗下珠表示（　　　）。合起来就是602。

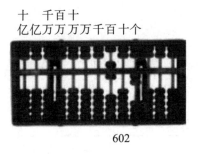

602

2. 你能写出下面算盘表示的数吗？

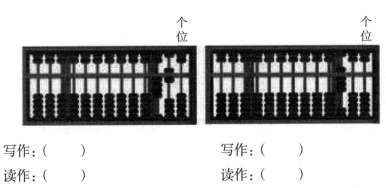

写作：（　　　）　　　　　　写作：（　　　）

读作：（　　　）　　　　　　读作：（　　　）

写作：(　　　　) 写作：(　　　　)

读作：(　　　　) 读作：(　　　　)

写作：(　　　　) 写作：(　　　　)

读作：(　　　　) 读作：(　　　　)

3. 算盘和计数器是不是有点像？它们有什么相同点和不同点？

我的学习体会

我的疑问

小高斯的巧算

阅读指导要点提示

❖ 学习目标

1. 通过阅读，了解数学家高斯小时候的故事，向高斯学习，从小养成爱动脑的好习惯。

2. 学会根据算式和数据的特点，自觉、灵活地进行简便计算，发展数感和运算能力。

❖ 实施要点

1. 情境激趣。介绍数学家高斯的成就，激发学生的阅读兴趣。

2. 自主阅读。给学生充分的时间去独立阅读"阅读单"，把学生之间的差异作为重要的课程资源，注重"兵教兵"，尤其要关注后进生的学习困难，及时给予指导与帮助。

3. 全班交流。反馈、交流"探究任务"的完成情况，以及"我的学习体会"和"我的疑问"。教师适时进行讲解与点拨。

❖ 知识链接

高斯生平和主要成就

高斯（1777—1855 年），德国著名数学家、物理学家、天文学家、大地测量学家。

高斯从小就天赋异禀。他 3 岁时便能够纠正父亲的借债账目；9 岁时，用很短的时间计算出了小学老师布置的任务——对自然数从 1 到 100 的求和。他所使用的方法是：对 50 对构造成和为 101 的数列求和（1+100，2+99，3+98……），得到结果 5050。当高斯 12 岁时，已经开始怀疑元素几何学中的基础证明。当他 16 岁时，预测在欧氏几何之外必然会产生一门完全不同的几何学，即非欧几里得几何学。在他 19 岁时，第一个成功地证明了正 17 边形可以用尺规作图，并为流传了 2000 年的欧氏几何提供了自古希腊时代以来的第一次重要补充。

1807 年，高斯成为哥廷根大学教授和哥廷根天文台台长。1818—1826 年，汉诺威公国的大地测量工作由高斯主导。1840 年，高斯与韦伯一同画出世界上第一张地球磁场图。

高斯被认为是世界历史上最重要的数学家之一，享有"数学王子"的美誉。

"小高斯的巧算"阅读单

高斯是德国著名数学家、物理学家、天文学家，是历史上最重要的数学家之一，被称为"数学王子"。

高斯上小学的时候就很爱动脑筋！有一天数学老师出了一道题：1+2+3+…+100=？

别的小朋友都是看到题目就拿起笔来计算，但高斯没有急着计算，而是先认真观察算式，安静地思考。他很快便有了发现，并快速地算出了答案。起初高斯的老师并不相信，觉得他一定是算错了，让他再仔细算算。高斯据理力争，并说出了自己的计算方法和答案。老师一听答案是对的，很高兴，也很激动。同学们，你们知道高斯是怎么算的吗？

高斯表示，自己没有按照从左往右的顺序依次计算，而是先观察算式的特点。从 1+2+3+…+100 的计算式子中，发现了一个规律，就是第 1 个数与最后 1 个数的和是 101，第 2 个数与倒数第 2 个数的和也是 101，以此类推，一共有 50 组这样的数对，所以它们的和是 101×50=5050（见下页图）。

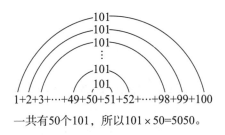

1+2+3+…+49+50+51+52+…+98+99+100

一共有50个101，所以101×50=5050。

❖ **探究任务一**

1. 你能把高斯的算法填写完整吗？（在□里填上合适的数）

  1+2+3+…+100

=（1+□）+（2+□）+（3+□）+…+（50+□）

=101+101+101+…+101
  □个

=□ × □

=5050

2. 高斯的算法应用了（   ）律和（   ）律。

老师对高斯大加表扬！高斯对数学也越来越感兴趣，越来越爱动脑筋，由此开始了真正的数学研究。

同学们，下面我们也来动脑筋试一试吧，争当"小高斯"！

❖ **探究任务二**

脱式计算，怎样简便就怎样算。

1. 1+2+3+…+18+19+20

2. 1+3+5+…+15+17+19

3. 2+4+6+⋯+16+18+20

4. 36 减去 4，加 1；再减 4，加 1⋯⋯这样连续几次，结果为 0？

5. 下面这堆圆木一共有多少根？

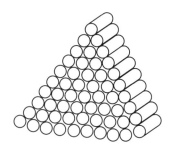

我的学习体会

我的疑问

有趣的"缺 8 数"

阅读指导要点提示

❖ 学习目标

1. 通过阅读和探究，了解"缺 8 数"的特点和性质，发展数感和推理意识。

2. 体会"数学好玩"，开阔视野，增强学习数学的兴趣。

❖ 实施要点

1. 情境激趣。介绍"缺 8 数"，激发学生的阅读兴趣。

2. 自主阅读。给学生充分的时间去独立阅读"阅读单"，把学生之间的差异作为重要的课程资源，注重"兵教兵"，尤其要关注后进生的学习困难，及时给予指导与帮助。

3. 全班交流。反馈、交流"探究任务"的完成情况，以及"我的学习体会"和"我的疑问"。

❖ 知识链接

"缺 8 数"

自然数 12345679 被称为"缺 8 数"，它有非常多奇妙的性质。"缺 8 数" 12345679 实际上与循环小数是"一根藤上的瓜"，因为 $\frac{1}{81}$ =0.0123456790123456

79012345679……，故"缺 8 数"和 $\frac{1}{81}$ 的循环节有关。

在以上小数中，为什么别的数字都不缺，而唯独缺少"8"呢？

我们知道，$\frac{1}{81}=\frac{1}{9}\times\frac{1}{9}$，$\frac{1}{9}$ =0.111111111……，其循环节只有一位。

$\frac{1}{9}\times\frac{1}{9}$ 即小数点后无穷个 1 的自乘。

我们先看有限个 1 的平方：

$11^2=121$

$111^2=12321$

……

$111111111^2=12345678987654321$

但无穷个 1 的平方，使长长的队伍看不到尽头，怎么办？利用数学归纳法不难证明，在所有的层次，8 都被一一跳过。

那么，"缺 8 数"乘以 9 的倍数得到"清一色"就很好理解了，因为：

$\frac{1}{81}$ ×9= $\frac{1}{9}$ =0.111111111……

"缺 8 数"乘以 3 的倍数（非 9 的倍数）得到"三位一体"也不难理解，因为：$\frac{1}{81}$ ×3= $\frac{1}{27}$ =0.037037037……，一开始就出现了三位的循环节。

"缺 8 数"乘以公差为 9 的等差数列时，相当于在原有基础上每位数加 1，自然就出现"走马灯"了。

"有趣的'缺 8 数'"阅读单

有一个八位数 12345679，大家看看这个数有什么特点？对了，中间缺了一个数字"8"，所以又叫"缺 8 数"。"缺 8 数"非常神秘，所以吸引了很多人去探索，我们也来试一试吧。

1. 如果我们用"缺 8 数"12345679 分别乘 9 的倍数，如 9、18、27……81，算一算，看看它们的乘积有什么特点？

12345679 × 9=（　　　）

12345679 × 18=（　　　）

12345679 × 27=（　　　）

2. 你发现这几个乘积有什么规律吗？

我的发现：

3. 你能根据发现的规律写出下面几个算式的乘积吗？先根据规律写出得数，再用计算器计算一下，验证自己的猜想。

12345679 × 36=（　　　）

12345679 × 45=（　　　）

12345679 × 54=（　　　）

12345679 × 63=（　　　）

12345679 × 72=（　　　）

12345679 × 81=（　　　）

这就是所谓的"清一色"。

❖ 探究任务二

1. 如果"缺 8 数"乘以 3 的倍数但又不是 9 的倍数（从 12 起），会有什么规律呢？下面我们用计算器来试试吧。

12345679 × 12=（　　　）

12345679 × 15=（　　　）

12345679 × 57=（　　　）

2. 仔细看上面几个算式的"乘积"，你有什么发现吗？

我发现：

3. 用计算器计算下面的式子。

12345679 × 24=（　　　　）

12345679 × 30=（　　　　）

12345679 × 33=（　　　　）

12345679 × 42=（　　　　）

"缺8数"乘3的倍数（9的倍数除外），它们的乘积都是同样的三个数字依次不断地重复出现，这就是所谓的"三位一体"。

其实，"缺8数"12345679的奇妙之处还远不止这些，它还有更多的奥秘等待你去探索！

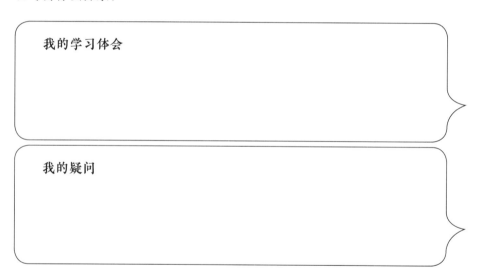

我的学习体会

我的疑问

好玩的数独

阅读指导要点提示

❖ 学习目标

1. 认识"数独"，能够按照规则独立解答"数独"，发展数感和推理意识。

2. 体会"数学好玩"，开阔视野，增强学习数学的兴趣。

❖ 实施要点

1. 情境激趣。介绍"数独"，激发学生的阅读兴趣。

2. 自主阅读。给学生充分的时间去独立阅读"阅读单"，把学生之间的差异作为重要的课程资源，注重"兵教兵"，尤其要关注后进生的学习困难，及时给予指导与帮助。

3. 全班交流。反馈、交流"探究任务"的完成情况，以及"我的学习体会"和"我的疑问"。教师释疑解惑。

❖ 知识链接

数 独

数独源自 18 世纪的瑞士，是一种运用纸、笔在数独盘面上进行演算的数学逻辑游戏。

数独盘面是个九宫，每一宫又分为九个小格。在这 81 格中给出一定的已知数字和解题条件，利用逻辑和推理，在其他的空格上填入 1—9 的数字。

标准数独的规则：1—9 每个数字在每一行、每一列和每一宫中都只出现一次。

数独的解法

数独解法全是由规则衍生出来的，基本解法分为两大类：排除法和唯一法。更复杂的解法最终也会归结到这两大类中。

基础排除法就是利用 1—9 的数字在每一行、每一列、每一宫都只能出现一次的规则进行解题的方法。基础排除法可以分为行排除、列排除、九宫格排除。

唯一解法就是当某行、某列、某宫已填数字的宫格达到八个，那么该行剩余宫格能填的数字就只剩下那个还没出现过的数字。该数字便成为唯一解。

唯余解法就是某宫格可以添入的数已经排除了八个，那么这个宫格的数字就只能添入那个没有出现的数字。

"好玩的数独" 阅读单

数独是一种填数的逻辑推理游戏。数独（sudoku）一词源于日语，意思是"单独的数字"或"只出现一次的数字"。数独真正发源于 18 世纪的欧洲，是由瑞士数学家欧拉发明的。

数独一般分为四宫格、六宫格和九宫格三种，比如，下图就是一个九宫格数独。

	6		5	9	3			
9		1				5		
	3		4				9	
1		8		2				4
4			3		9			1
2				1		6		9
	8				6		2	
		4				8		7
			7	8	5		1	

每一行称为数独的行，每一列称为数独的列，每一个小九宫格称为数独的宫，每个小格是一个单元格。九宫格一共九行、九列、九个宫格，包含数

字1—9。

数独的基本规则：每一行、每一列、每一宫中，1—9这九个数字都必须有且只能出现一次。

我们要做的事情：在空格上填上数字，每一行、每一列、每一宫中的数字都不重复。

数独的基本解法有两种。

1.唯一法。此方法是指根据数独规则——某个数在某行（某列、某宫）内必须出现一次进行的。如果某行（某列、某宫）内缺少某个数字，则这个数一定在这个行（这个列、这个宫）的空白格子中要出现。某格里只剩下唯一的数字可以填了。

2.排除法。此方法是指根据数独规则——某个数在某行（某列、某宫）内只能出现一次进行的。当要确定某一空格内的数字时，我们可以先将空格所在的行、列和宫内已经出现的数字排除，再在剩下的数字中进行推断。比如，下图中出现了数字6，可以排除同行、同列和同宫中其他格子内填6的可能，即打叉的格子不能再填6，否则便和数独的规则相矛盾。

做数独游戏是锻炼脑筋、开发智力的好方法，也是对智慧和毅力的考验。下面我们就来试一试吧。

❖ 探究任务一

❖ **探究任务二**

6				1	5
5	2				3
	3	4	5		
		5	3	6	
		1	4	3	6
		6		5	2

2			5	6	
5			2	4	3
		6	4	3	
4				1	5
	4	2	1		
	1	5		2	

❖ **探究任务三**

	2		9			4		
6		4		1				5
		9		6		1		
	4		5		7		6	
9		7				5		4
	5		8		9		7	
		2		3		6		
7				9		2		3
		1			5		8	

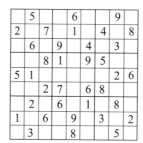

	5			6			9	
2		7		1		4		8
	6		9		4		3	
		8	1		9	5		
5	1						2	6
		2	7		6	8		
	2		6		1		8	
1		6		9		3		2
	3			8			5	

我的学习体会

我的疑问

你也能当福尔摩斯

阅读指导要点提示

❖ 学习目标

1.通过阅读，经历自主探究"预知游戏结果"的过程，理解"预知结果"背后的道理，发展逻辑推理能力。

2.激发探索未知的好奇，体会数学探究的乐趣。

❖ 实施要点

1.情境激趣。介绍神探福尔摩斯预知案件结果的例子，引出预知数学游戏结果的问题情境，激发学生的阅读兴趣。

2.自主阅读。给学生充分的时间去独立阅读"阅读单"，把学生之间的差异作为重要的课程资源，注重"兵教兵"，尤其要关注后进生的学习困难，及时给予指导与帮助。

3.全班交流。反馈、交流"探究任务"的完成情况，以及"我的学习体会"和"我的疑问"。教师释疑解惑，并适时进行点拨与提升。

❖ 知识链接

福尔摩斯

夏洛克·福尔摩斯是英国侦探小说家阿瑟·柯南·道尔所创造的角色，为虚构的侦探人物。

福尔摩斯自称是顾问侦探，也就是说，当其他警探或私家侦探遇到困难时常向他求救。他头脑冷静、观察力敏锐、推理能力突出，善于通过观察与演绎推理和法学知识来解决问题。平常他都悠闲地在贝克街 221 号的 B 室里，抽着烟斗，等待委托上门。一旦接到案子，他立刻会像一只追逐猎物的猎犬一样，开始锁定目标，将整个事件抽丝剥茧、层层过滤，直到最后真相大白。

毋庸置疑，福尔摩斯已成了名侦探的代名词，且在现实生活中，很多人更将福尔摩斯当成聪明人的代名词。福尔摩斯已成了某种象征智慧的符号。

"你也能当福尔摩斯"阅读单

亲爱的同学们，你们一定知道大侦探福尔摩斯吧。福尔摩斯善于思考，善于推理，能预知案件的结果。其实，有些数学游戏的结果也是可以预知的，比如，从 1—9 这九个数字中任意取出三个不同的数字组成三位数，把组成的所有三位数全部相加，再除以这三个数字的和，得出的商一定都是 222。现在让我们来当一回福尔摩斯，举几个例子试试看吧。

❖ 探究任务一

1. 选取 1、6、7 这三个数字，把它们组成的三位数全部写出来，共有（　　）个，分别是（　　　　　　　　　　　　　　）。

把它们全部相加，求其总和：（　　）+（　　）+（　　）+（　　）+（　　）+（　　）=（　　），用总和除以 1、6、7 这三个数字之和，（　　　　）÷（1+6+7）=（　　　　）。

怎么样，求出的商是 222 吗？

2. 请再举两个例子试一试。

（1）我第一次选的三个数字是（　　）（　　）（　　），这三个数字能够组成的三位数有（　　　　　　　　　　　）。

把它们全部相加，求其总和：（　　　）+（　　　）+（　　　）+（　　　）+（　　　）+（　　　）=（　　　），用总和除以这三个数字之和，（　　　）÷（　　　）=（　　　）。

（2）我第二次选的三个数字是（　　　）（　　　）（　　　），这三个数字能够组成的三位数有（　　　　　　　　　　　　　　　）。

把它们全部相加，求其总和：（　　　）+（　　　）+（　　　）+（　　　）+（　　　）+（　　　）=（　　　），用总和除以这三个数字之和，（　　　）÷（　　　）=（　　　）。

怪了，结果都是 222！为什么会这样呢？现在我们来探秘其深层原因。

❖ **探究任务二**

假设原先挑选的三个不同数字为 a、b、c，用这三个数字组成不同的三位数，百位数上 a、b、c 分别出现 2 次，也就是 abc、acb，bac、bca，cab、cba。同样道理，十位与个位上也必然是这样。

我们知道 $abc=100a+10b+c$，于是，排出的全部三位数的总和就是：

（　　　）+（　　　）+（　　　）+（　　　）+（　　　）+（　　　）

$=100 \times 2 \times (a+b+c) +10 \times 2 \times （　　　）+2 \times （　　　）$

$=222 \times (a+b+c)$

用这个总和除以 $a+b+c$，结果必然是 222。

为什么一定要用三位数来做试验呢？如果是两位数，会不会出现类似"222"这样的结果呢？下面我们也来试一试。

❖ **探究任务三**

1. 任选两个数，如 3 和 8，将这两个数先组成所有的两位数，分别是（　　　）和（　　　），把它们相加求和：（　　　）+（　　　）=（　　　），用这个总和除以（3+8），看看等于多少。

（　　　）÷（3+8）=（　　　）

2.再选两个数试一试。

我选的两个数字是（　　　）和（　　　），组成的两位数是（　　　）和
（　　　）。把它们相加求和：（　　　）+（　　　）=（　　　），用这个总和除以两
个数字的和，看看等于多少。

（　　　）÷（　　　）=（　　　）

我发现：无论选取什么数字，（　　　）这个数始终不变。

我的学习体会

我的疑问

鞋码中的数学

阅读指导要点提示

❖ 学习目标

1.经历数据观察、规律猜想、资料阅读等过程，了解鞋码与脚长的关系，能根据鞋码推算脚长，根据脚长推算合适的鞋码，发展数感和推理意识。

2.感受数学与生活的联系，增长见识。

❖ 实施要点

1.情境激趣。介绍鞋码中的数学，激发学生的阅读兴趣。

2.自主阅读。给学生充分的时间去独立阅读"阅读单"，把学生之间的差异作为重要的课程资源，注重"兵教兵"，尤其要关注后进生的学习困难，及时给予指导与帮助。

3.全班交流。反馈、交流"探究任务"的完成情况，以及"我的学习体会"和"我的疑问"。教师适时进行点拨与指导。

❖ 知识链接

鞋码与脚长的关系

鞋码与脚长有以下关系。

1.正比关系。脚长和鞋码是正比关系，即脚长越长，鞋码越大，反之，脚长越短，鞋码越小。但具体到多长脚长穿多大尺码，需要根据一个既定的公式来计算，同时还要考虑鞋子偏码的问题。

2. 脚长和鞋码计算公式。脚长 = （鞋码 +10）÷ 2，鞋码 = 脚长 × 2–10，比如，某人脚长 25 厘米，那么 25 × 2–10=40，所以他适合穿 40 码的鞋子，所有人都可以按这个公式来计算。中国标准的鞋码采用的是厘米数或者毫米数，比如，235 是指 235 毫米，23.5 是指 23.5 厘米，这两种其实是一个尺码。

"鞋码中的数学"阅读单

鞋码中也承载着很多数学知识。比如，你知道鞋码的长度是怎么确定的吗？鞋码可不可以用我们学过的长度单位来替代？鞋码和脚长之间有什么关系？……今天我们就来研究一下鞋码里的数学。

❖ 探究任务一

1. 下面是鞋码与脚长的对照信息表。

鞋　码	脚长（厘米）
43	26.5
41	25.5
40	25
37	23.5

请你仔细观察表中对应的鞋码和脚长的数据，你发现鞋码和脚长之间有什么关系吗？

我发现：鞋码 =

　　　　脚长 =

2. 按照你发现的"脚长和鞋码的计算公式"，已知牛老师经常穿 42 码的鞋，由此可知牛老师的脚长大约是（　　　）厘米。

3. 明明的脚长是 24 厘米，该选（　　　）码的鞋。

刚才我们探究的都是成人或较大儿童的鞋码和脚长，但对于年龄较小的儿童，鞋码与脚长之间的关系也有一个大致的规定（如下表）。

厘　米	14	14.5	15	15.5	16	16.5	17	17.5	18
尺　码	25	25.5	26	26.5	27	27.5	28	28.5	29.5
厘　米	18.5	19	19.5	20	20.5	21	21.5	22	22.5
尺　码	30	31	31.5	32	33	33.5	34	35	35.5

采用的标准不同，同样脚长所对应的鞋码的大小也会不同。生活中，对于鞋子偏紧还是偏松的问题，一般直观的判断方法是以自己的脚和鞋子之间预留一个手指的空间为宜。脚宽一些的人一般要选大一码的鞋。

❖ **探究任务二**

1. 小明脚长是 14 厘米，小明适合穿（　　　）码的鞋。

2. 小刚的脚长是 22 厘米，脚有一些宽，该选（　　　）码的鞋。

3. 你现在穿的鞋是（　　　）码，那么，你的脚长大约是（　　　）厘米。

目前世界上有四种主要的鞋码标注方式，分别是美码、英码、欧码和中国码。刚才我们认识的都是中国码。中国码是每一个鞋码都有对应的脚长，美码、英码和欧码也是这样一一对应的，只不过它的计算公式和中国码的计算公式有所不同，也是有规律可循的。

你知道吉尼斯世界纪录中世界上最大的脚有多长吗？如果按照鞋子码数来说的话，就要穿 72 码的鞋，简直令人震惊。

同学们，你们能推算出这个人的脚长是多少吗？

我的学习体会

我的疑问

▌"一笔画"问题中的奥秘

阅读指导要点提示

❖ 学习目标

1. 通过阅读、观察、猜测、实验、推理等活动发现能一笔画的图形的规律，能利用一笔画的规律进行判断，发展推理意识。

2. 了解数学家欧拉解决哥尼斯堡"七桥问题"的方法，感受数学与生活的联系，增长见识。

❖ 实施要点

1. 情境激趣。介绍哥尼斯堡"七桥问题"，激发学生的阅读兴趣。

2. 自主阅读。给学生充分的时间去独立阅读"阅读单"，把学生之间的差异作为重要的课程资源，注重"兵教兵"，尤其要关注后进生的学习困难，及时给予指导与帮助。

3. 全班交流。反馈、交流"探究任务"的完成情况，以及"我的学习体会"和"我的疑问"。教师适时进行点拨与指导。

❖ 知识链接

七桥问题

18世纪初，乐普鲁士的哥尼斯堡（现俄罗斯加里宁格勒）有一条河穿过，河中有两个小岛，有七座桥把两个岛与河岸连接起来（见下页图）。有人提出一

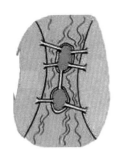

个问题：一个步行者怎样才能不重复、不遗漏地一次走完七座桥，最后回到出发点？（也就是每座桥只能经过一次而且起点与终点必须是同一地点）

"七桥问题"被提出后，很多人对此很感兴趣，纷纷进行试验，但在相当长的时间里，始终未能解决。后来数学家欧拉把它转化成一个几何问题——一笔画问题。他不仅解决了此问题，且给出了连通图可以一笔画的充要条件：奇点的数目不是 0 个就是 2 个（连到一点的条数如果是奇数，就称为奇点；如果是偶数，就称为偶点。要想一笔画成，中间点必须均是偶点，也就是有来路必有另一条去路，奇点只可能在两端。因此，一个图要想一笔画成，奇点要么没有，要么在两端）。

欧拉把每一块陆地考虑成一个点，连接两块陆地的桥以线表示。后来推论出此种走法是不可能的。他的论点是这样的：除了起点以外，每一次当一个人由一座桥进入一块陆地（或点）时，他（或她）同时也由另一座桥离开此点。所以每行经一点时计算两座桥（或线），从起点离开的线与最后回到起点的线亦计算两座桥，因此每一个陆地与其他陆地连接的桥数必为偶数。七桥所成的图形中，没有一点含有偶数条数，因此上述任务无法完成。

欧拉的这个考虑非常重要，也非常巧妙，它正表明了数学家处理实际问题的独特之处——把一个实际问题抽象成合适的"数学模型"。这种研究方法就是"数学模型方法"。这并不需要运用多么深奥的理论，但能想到这一点，就找到了解决难题的关键。

1736 年，29 岁的欧拉向圣彼得堡科学院递交了《哥尼斯堡的七座桥》的论文，在解答问题的同时，开创了数学一个新的分支——图论与几何拓扑，也由此展开了数学史上的新历程。

"'一笔画'问题中的奥秘"阅读单

同学们，我们学过很多平面图形，有些图形能够一笔画出来，也就是画图时笔尖不离开纸面直到画出图形。请你在下面一笔画出一个三角形、一个长方形和一个正方形吧。

❖ **探究任务一**

仔细观察，下面这些图形能一笔画出来吗？想一想，试一试。

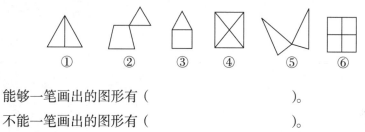

① ② ③ ④ ⑤ ⑥

能够一笔画出的图形有（　　　　　　　　　　　　　　）。

不能一笔画出的图形有（　　　　　　　　　　　　　　）。

亲爱的同学们，刚才你们在试的过程中有什么感觉？是不是感觉很绕，像走迷宫一样？如果我们能找到其中的规律，是不是会简单很多呢？下面我们就带着这样的思考继续探索图形的一笔画与什么有关系。

我们以上面图①为例来进行研究。这个图有四个点，将每个点分别用字母 A、B、C、D 表示，每个点都能引出线（见下图）。

从 A 点和 C 点能够引出（　　）条线，从 B 点和 D 点能引出（　　）条线。从一个点引出的线有单数条，这个点我们称之为奇点；从一个点引出的线有偶数条，这个点我们称之为偶点。可见，这个图形中有（　　）个奇点，（　　）个偶点。

我们已经能够数出图形中的奇点和偶点的个数了，但是它们和能一笔画出的图形又有什么关系呢？请你完成下面的探究任务，找一找其中的规律吧。

❖ **探究任务二**

图形及序号	奇　点	偶　点	能否一笔画
①			
②			
③			
④			
⑤			
⑥			

1. 我发现：奇点个数是（　　　）或（　　　）的能够一笔画。

2. 请用你发现的规律来判断下面这两个图形能不能一笔画。

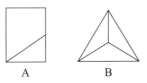

A　　　　　　B

图（　　　）能一笔画，图（　　　）不能一笔画。

亲爱的同学们，你们知道吗，这些你们最初看起来很乱、很烦，后来看起来又很清晰、很可爱的图，背后还有一段激动人心的故事呢！

18世纪，哥尼斯堡有一条河，整个城市被这条河分割成四块陆地，而四块陆地全靠架在河上的七座桥互相联系。当时，许多市民都在思考一个问题：一个人能否从某一陆地出发，不重复地走遍所有的桥，回到原来的出发地。这就是历史上有名的"七桥问题"。

这个问题看起来并不难，所以很多人前来尝试，但始终无人成功。一传十，十传百，"七桥问题"很快传遍欧洲，成了欧洲闻名的难题，数学家欧拉知道后，也决心试一试。

欧拉用 A、B、C、D 四个点表示四块陆地，用两点间的线条代表陆地之间的桥梁，"七桥问题"就变成一个抽象图形（如右图）。现在，要解决的就是"一笔画"这一问题。

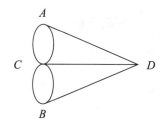

图中的四个点都是与奇数条线相连，也就是说，图中有四个奇点，一笔画不出来，所以"七桥问题"所要求的走法也是不成立的。

我的学习体会

我的疑问

分段计费问题

阅读指导要点提示

❖ 学习目标

1. 运用所学知识解决水费、车费等生活情境中的分段计费问题，体会分段计费的意义，提高运算能力，发展应用意识。

2. 通过阅读、讨论，在体会国家用心良苦的同时渗透爱国主义教育，体会数学与生活的密切联系，增强学习数学的积极性。

❖ 实施要点

1. 情境激趣。介绍生活中的"分段计费"事例，激发学生的阅读兴趣。

2. 自主阅读。给学生充分的时间去独立阅读"阅读单"，把学生之间的差异作为重要的课程资源，注重"兵教兵"，尤其要关注后进生的学习困难，及时给予指导与帮助。

3. 全班交流。反馈、交流"探究任务"的完成情况，以及"我的学习体会"和"我的疑问"。教师释疑解惑。

❖ 知识链接

分段计费

在现实生活中，有一类像"阶梯水费""阶梯电费""出租车计费""医疗费报销"等分段计费问题。分段计费就是把计费的标准分成几段，按照各段的不同分别计算价格。生活中常见的缴电费、水费、燃气费、停车费、出租车费等，都属于分段计费。

解决分段计费问题的关键是找准每段的单价和对应的用量。比如，电费总价＝第一档量 × 单价1＋第二档量 × 单价2＋……。

"分段计费问题"阅读单

生活中，在缴电费、水费、停车费等费用时，经常会遇到分段计费问题。那么，国家为什么要采用分段计费的方式来收费呢？今天我们就来探究一下这类问题吧。

❖ 探究任务一

A市自来水公司收费标准见下表。

月用水量	10吨以内	超过10吨的部分
单 价	2.5元/吨	3元/吨

1. 笑笑家上个月的用水量为9吨，应缴水费多少元？

2. 淘气家上个月的用水量为17吨，应缴水费多少元？

分析：解决分段计费问题的关键是找准每段的单价和对应的用水量。按照"收费标准"，淘气家的用水量可以分为10吨以内和超过10吨的部分，分别按照各自的单价计算费用，最后再求和。

❖ 探究任务二

A市出租车收费标准是3千米以内7元，超过3千米的部分，每千米1.5

元（不足 1 千米按 1 千米计算）。

1. 出租车行驶了 7.5 千米，需要支付多少元？

2. 妈妈从家乘出租车到超市，支付了 19 元的车费。从家到超市，出租车行驶了多少千米？

与"水费问题"相比，此题新增了两个注意点：（1）第一段的计费就是总价，不需要进行计算。（2）第二段的计费中有"不足 1 千米按 1 千米计算"的要求，因此，通过价格计算出的里程数是一个区间。

通过上面两个探究任务可以看出，水费、电费、出租车费等费用之所以采用分段计费的方式，是国家为了保障居民的生活，需要降低一些生活必需品（水、电、燃气等）的价格。但是，如果价格太低，容易造成部分人的不重视，从而造成浪费，所以价格还要定得高一点儿。为了保障生活，定价要低；为了节约，定价要高，这就产生了矛盾。而分段计费就能很好地解决这一矛盾，既能保障居民的基本生活，又达到了节约资源的目标。

请想一想：如果想更节约用水、用电，还可以怎么设计收费？

❖ 探究任务三

某停车场的收费标准是 2 小时内 5 元；超过 2 小时的部分，每小时 3 元（不足 1 小时按 1 小时计算）；车辆最高收费不超过 20 元。

请你根据上面的收费标准计算停车费，填写表格。

停车时间	停车费
2 小时以内	
2~3 小时（包含 3 小时）	
3~4 小时（包含 4 小时）	

停车时间	停车费
4~5 小时（包含 5 小时）	
5~6 小时（包含 6 小时）	
超过 6 小时	

　　除了以上介绍的分段计费事例，还有什么问题也可以用分段计费来解决呢？

我的学习体会

我的疑问

五年级

神奇的"走马灯数"

阅读指导要点提示

❖ **学习目标**

1.通过阅读，了解"走马灯数"的特点及重要性质，经历探究"走马灯数"变化规律的过程，发展归纳、概括能力和推理意识。

2.激发探索未知的好奇心，体会数学探究的乐趣。

❖ **实施要点**

1.情境激趣。介绍"走马灯数"，激发学生的阅读兴趣。

2.自主阅读。给学生充分的时间去独立阅读"阅读单"，把学生之间的差异作为重要的课程资源，注重"兵教兵"，尤其要关注后进生的学习困难，及时给予指导与帮助。

3.全班交流。反馈、交流"探究任务"的完成情况，以及"我的学习体会"和"我的疑问"。教师适时进行点拨与指导。

❖ **知识链接**

走马灯

"走马灯"是一种供玩赏的灯，用彩纸剪成各种人骑着马的形象（或别的形象），贴在灯里特制的轮子上，轮子因蜡烛的火焰形成的空气对流而转动，纸剪的人物随着绕圈。我们通常用"走马灯"来形容动作忙碌而不断重复，所以被称作"走马灯数"的神奇的数字，也一定和"走马灯"有关联，具有"走马灯"的特点。

据说，人们在埃及金字塔中发现了一组神奇的数字——142857，这个数字也被称为"走马灯数"。科学家们认为，这是最古老的一周有七天的证据，并且超过一周就进行一次数据分身。人们可以从中发现很有趣的规律，就像"走马灯"一样让人眼花缭乱。

"走马灯数"142857乘以任何含7的数字，其结果的各个数字相加之和，要么是7的整倍数，要么是36。这组数字和9也有密不可分的关系：1+4+2+8+5+7=27，而2+7=9；将这组数字乘以7，结果为999999，6个9相加为54，5+4=9；拆分成任意组合相加，最后也跟9有关，如14+28+57=99。除此之外，还有很多像"走马灯"般反反复复的规律，有待人们去发掘。

"神奇的'走马灯数'"阅读单

~~~~~~~~~~~~~~~~~~~~~~~~~~

142857，又名"走马灯数"。据说，它被发现于埃及的金字塔内，是一个神奇的数字。看似很平凡的数字，为什么说它很神奇呢？别着急！我们先让142857分别乘以1、2、3、4，算一算，看看有什么发现。

❖ **探究任务一**

142857 × 1=（   ）

142857 × 2=（   ）

142857 × 3=（   ）

142857 × 4=（   ）

你发现这几个乘积有什么特点了吗？你能根据自己的发现推理出下面两个算式的积吗？再通过列竖式验证一下自己的猜想是否正确。

142857 × 5=（   ）

142857 × 6=（   ）

我发现：142857乘以1到6的积里都有（   ）这几

个同样的数字，只是调换了（　　　），就像"走马灯"一样反复地出现。

现在让我们继续。

142857×7=（　　　　　）

计算的结果是否让你感觉很惊讶？

❖ 探究任务二

我们继续探秘——

1. 如果把 142857 这个数字分解成两组数字，142、857，把这两组数字相加，算出它们的和：142+857=（　　　）。

2. 如果把 142857 分解成三组数字，14、28、57，把这三组数字相加，算出它们的和：14+28+57=（　　　）。

3. 如果把 142857 分解成六组数字，算出它们的和：1+4+2+8+5+7=27，再计算 2+7=（　　　）。

其实，我们把 142857 拆成如 14、2、85、7 或 142、85、7 或 14285、7 等任意组合（相邻数字按顺序随意组合），所得的结果都是（　　　）的倍数。

❖ 探究任务三

继续计算——

142857×8=1142856，这组数里少了（　　　），它"分身"为第一个数字1与最后一个数字 6。

142857×9=1285713，这组数里少了（　　　），它"分身"为第一个数字1与最后一个数字 3。

142857×10=1428570，（　　　）分身。

142857×11=1571427，（　　　）分身。

142857×12=1714284，（　　　）分身。

142857×13=1857141，（　　　）分身。

我的发现：乘积的这组数中，第一个数字和最后一个数字（　　　），就是需要"分身"的数。

142857 是怎么得到的呢？

大家可以试一下用 1—6 分别除以 7, 观察计算结果。

❖ **探究任务四**

1÷7=0.142857142857……。商是一个循环小数, 循环节是 ( ), 它可以简写作 ( )。

2÷7=0.285714285714……。循环节是 ( ), 商可以简写作 ( )。

3÷7=0.428571428571……。循环节是 ( ), 商可以简写作 ( )。

4÷7=0.571428571428……。循环节是 ( ), 商可以简写作 ( )。

5÷7=0.714285714285……。循环节是 ( ), 商可以简写作 ( )。

6÷7=0.857142857142……。循环节是 ( ), 商可以简写作 ( )。

我的发现: 小数部分的循环节里都有 ( ) 这几个数字, 只是位置发生了变化, 就像"走马灯"一样。

其实, "142857"的神奇之处还远不止这些, 它还有更神奇的地方等待大家去发掘!

> **我的学习体会**

> **我的疑问**

数的奇偶性探秘

阅读指导要点提示

❖ 学习目标

1. 经历探究加减法和乘法中数的奇偶性变化规律的过程，理解数的奇偶性的变化规律，体验研究方法，提高推理能力。

2. 能够运用数的奇偶性规律解决生活中的一些简单问题，体会生活中处处有数学，增强学好数学的信心和应用数学的意识。

❖ 实施要点

1. 情境激趣。创设"小船往返两岸多次，最终靠哪边"的生活情境，引出数的奇偶性问题，激发学生的阅读兴趣。

2. 自主阅读。给学生充分的时间去独立阅读"阅读单"，把学生之间的差异作为重要的课程资源，注重"兵教兵"，尤其要关注后进生的学习困难，及时给予指导与帮助。

3. 全班交流。反馈、交流"探究任务"的完成情况，以及"我的学习体会"和"我的疑问"。教师释疑解惑。

❖ 知识链接

数的奇偶性规律

1. 奇数 ± 奇数 = 偶数。

2. 偶数 ± 偶数 = 偶数。

3. 奇数 ± 偶数 = 奇数。

4. 奇数 × 奇数 = 奇数。

5. 奇数 × 偶数 = 偶数。

6. 如果两个整数的和（或差）是偶数，那么这两个整数的奇偶性相同；如果两个整数的和（或差）是奇数，那么这两个整数一定是一奇一偶。

7. 如果若干个整数的乘积是奇数，那么其中每一个因数都是奇数；如果若干个整数的乘积是偶数，那么其中至少有一个因数是偶数。

数的奇偶性规律的证明

以证明乘法中数的奇偶性为例，简要思路如下：

1. 为什么偶数乘以偶数等于偶数？为什么奇数乘以偶数等于偶数？

设其中一个偶数为 $2k$（k 为自然数），另一个数为 a（也是自然数），则乘积是 $2ak$，结果是 ak 的 2 倍，必定是偶数。

2. 为什么奇数乘以奇数等于奇数？

设这两个奇数分别是 $2m+1$ 和 $2n+1$，则（$2m+1$）（$2n+1$）=$4mn+2m+2n+1$=2（$2mn+m+n$）$+1$。

因为 2（$2mn+m+n$）是偶数，所以 2（$2mn+m+n$）$+1$ 是奇数，即奇数乘以奇数等于奇数。

"数的奇偶性探秘" 阅读单

在神奇美丽的自然数王国里，有两大派系：奇数派和偶数派。两派之间礼尚往来、和睦相处。数民们特别喜欢玩"+、−、×"的组合游戏。你们看，奇数派的 3 和偶数派的 2 玩得正欢呢。

$2+2=4$，$3+3=6$，$2+3=5$，$3-2=1$。

在游戏中，数民们经过观察、思考，提出了如下猜想。

猜想一：一个奇数和一个奇数相加减，得数一定是偶数。

猜想二：一个偶数和一个偶数相加减，得数一定是偶数。

猜想三：一个奇数和一个偶数相加减，得数一定是奇数。

❖ **探究任务一**

上面数民们的猜想对吗？所有的奇数和偶数都是这样吗？

我们分别举几个例子验证一下吧。[（　　）里填数，○里填符号]

举例验证猜想一：（　　）○（　　）=（　　）。

结论：猜想一是（　　）的。（填"正确"或"错误"）

举例验证猜想二：（　　）○（　　）=（　　）。

结论：猜想二是（　　）的。（填"正确"或"错误"）

举例验证猜想三：（　　）○（　　）=（　　）。

结论：猜想三是（　　）的。（填"正确"或"错误"）

还有数民进一步提出了下面的猜想四。

猜想四：如果是奇数个奇数相加，和一定是奇数。比如，1+3+5+13+11是 5 个奇数相加，和是 33，也是个奇数。

他的说法对吗？你能再举两个例子验证一下吗？

例 1：_____

例 2：_____

如果是偶数个奇数相加，求出的和是什么数呢？比如，3+9+21+15 是（　　）个奇数相加，和是（　　），是（　　）数。

这是一个规律吗？请再举个例子试一试。

例：_____

如果是任意多个偶数相加，和一定是（　　）数。

例 1：_____

例 2：_____

受刚才"和的奇偶性"规律的启发，两派的数民还提出了"积的奇偶性"猜想。

猜想一：奇数 × 奇数 =（　　　）数。

举几个例子进行验证。

例1：_____

例2：_____

猜想二：偶数 × 偶数 =（　　　）数。

举几个例子进行验证。

例1：_____

例2：_____

猜想三：奇数 × 偶数 =（　　　）数。

举几个例子进行验证。

例1：_____

例2：_____

有了大量例子的验证，数民们便欣然接受了这些规律。有了这些奇偶性的规律，自然数王国解决了好多问题。

❖ **探究任务二**

1.一个杯子杯口朝上放在桌上，翻动1次杯口朝下，翻动2次杯口朝上。翻动10次后，杯口朝（　　　），翻动19次后，杯口朝（　　　）。

分析：我们来找找规律，翻动1次杯口朝下，翻动2次杯口朝上，翻动3次杯口朝（　　　），翻动4次杯口朝（　　　），翻动5次杯口朝（　　　），翻动6次杯口朝（　　　）……发现规律了吗？只要翻动杯口奇数次，杯口就会朝（　　　），翻动杯口偶数次，杯口就会朝（　　　）。所以，翻动10次，杯口朝（　　　），翻动19次，杯口朝（　　　）。

再想一想，假如开始时杯口朝下放在桌上，像上面那样翻动杯口，结果又会是怎样的？

2.1+2+3+4+…+2020+2021 的和是奇数还是偶数？

分析：这道题如果按顺序计算要耗费很长时间，但我们可以利用奇偶性规律来思考。这个算式有 2021 个数，首先算算一共有多少个奇数，因为奇数和偶数是交替出现的，可以用 2021÷2=1010……1，得出 2021 个数中有 1011 个奇数，也就是奇数个奇数，奇数个奇数的和还是奇数，由此便可得出结论。

我的学习体会

我的疑问

"哥德巴赫猜想" 与 "陈氏定理"

阅读指导要点提示

❖ 学习目标

1. 了解 "哥德巴赫猜想" 和数学家陈景润的故事,初步了解 "哥德巴赫猜想" 和 "陈氏定理" 的内容,能进行简单的举例验证。

2. 提升数学阅读能力,开阔视野,体会中外数学家 "大胆猜想、小心求证" 的科学态度,增强学习数学的动力和信心。

❖ 实施要点

1. 情境激趣。介绍 "哥德巴赫猜想" 和陈景润的故事,激发学生的阅读兴趣。

2. 自主阅读。给学生充分的时间去独立阅读 "阅读单",把学生之间的差异作为重要的课程资源,注重 "兵教兵",尤其要关注后进生的学习困难,及时给予指导与帮助。

3. 全班交流。反馈、交流阅读单中的问题,以及 "我的学习体会" 和 "我的疑问"。教师适时进行指导与讲解。

❖ 知识链接

哥德巴赫猜想

1742 年,德国数学家哥德巴赫给当时欧洲赫赫有名的数学家欧拉的信中提出以下猜想：任何一个大于 5 的整数都可以写成三个质数之和。[$n>5$：当 n 为偶数，$n=2+$（$n-2$），$n-2$ 也是偶数，可以分解为两个质数的和；当 n 为奇数，$n=3+$（$n-3$），$n-3$ 也是偶数，可以分解为两个质数的和。] 欧拉在回信中也提出另一等价版本，即任何一个大于 2 的偶数都可写成两个质数之和。这就是著名的"哥德巴赫猜想"。

如果把命题"任一充分大的偶数都可以表示成一个素因子个数不超过 a 的个数与另一个素因子不超过 b 的个数之和"记作"$a+b$"的话，"哥德巴赫猜想"其实就是要证明"1+1"问题。

从关于偶数的哥德巴赫猜想，可推出：任何一个大于 7 的奇数都能被表示成三个奇质数的和。后者称为"弱哥德巴赫猜想"或"关于奇数的哥德巴赫猜想"。若关于偶数的哥德巴赫猜想是对的，则关于奇数的哥德巴赫猜想也会是对的。2013 年 5 月，法国巴黎高等师范学院研究员哈洛德·贺欧夫各特发表了两篇论文，宣布彻底证明了"弱哥德巴赫猜想"。

陈氏定理

1966 年，中国数学家陈景润证明了"1+2"，即任何一个充分大的偶数都可以表示为两个数之和，其中一个是素数，另一个或为素数，或为两个素数的乘积，被称为"陈氏定理"。这是迄今世界上对哥德巴赫猜想研究的最佳成果。

1978 年，作家徐迟撰写的报告文学《哥德巴赫猜想》发表，文章详细介绍了数学家陈景润历尽艰辛，刻苦钻研，最终证明哥德巴赫猜想的动人故事。作品富于哲理，影响深远。

"'哥德巴赫猜想'与'陈氏定理'"阅读单

"哥德巴赫猜想"是世界近代三大数学难题之一。哥德巴赫是德国的一位中学教师，也是一位数学家。1742 年，哥德巴赫发现，每个不小于 6 的偶数都是两个质数之和，比如，6=3+3，12=5+7……于是，他在 1742 年 6 月 7

日给当时赫赫有名的数学家欧拉写信，提出了以下的猜想。

偶数情形：任何一个不小于 6 的偶数都可以表示成两个奇质数（既是奇数又是质数的数）的和，比如，12=5+7，30=7+23。

奇数情形：任何一个不小于 7 的奇数，都可以写成三个奇质数的和，比如，7=2+2+3，9=2+2+5。

这就是著名的"哥德巴赫猜想"。

这个猜想对不对呢？同学们，我们举例验证一下吧。

10=（　　　）+（　　　）

18=（　　　）+（　　　）

21=（　　　）+（　　　）+（　　　）

欧拉在给他的回信中又提出了一个版本：任何一个大于 2 的偶数都可以写成两个奇质数之和。现在大家所说的"哥德巴赫猜想"实际上就是欧拉的版本，简写成 N=1+1，也就是任何一个大偶数 N 都可以表示为两个奇质数之和，"1+1"就是一个奇质数加上一个奇质数。

欧拉在回信中说："这一猜想虽然我还不能证明它，但我确信无疑地认为这是完全正确的结论。"面对这一看似简单的猜想，连欧拉这样首屈一指的大数学家都不能证明，这可引起了许多数学家的注意。200 多年来，许多数学家一直努力想证明它，但都没有成功。"哥德巴赫猜想"由此成为"数学皇冠"上一颗可望而不可即的"明珠"。

目前最佳的证明结果是中国数学家陈景润于 1966 年证明的"1+2"，即"陈氏定理"：任何一个充分大的偶数都可以表示成一个素数加上一个或为素数，或为两个素数的乘积的形式。通常把"陈氏定理"简称为 N=1+2。比如，60=2+2×29 或 60=3+3×（　　　）或 60=5+（　　　）×（　　　）。

同学们，你们也试着写几个来验证一下吧。

30=（　　　）+（　　　）×（　　　）

50=（　　　）+（　　　）×（　　　）

（　　　）=（　　　）+（　　　）×（　　　）

为了破解哥德巴赫猜想，据《燕赵都市报》（2000 年 4 月 2 日）报道：

美国和英国的两家出版社曾于 2000 年 3 月 20 日宣布：谁能在两年内解开哥德巴赫猜想这一古老数字之谜，可以得到 100 万美元的奖金。于是全世界掀起了解密"哥德巴赫猜想"的热潮，虽然有很多人为之努力，但这个猜想一直没有被破解，至今它仍是数学界的一道难题。

我的学习体会

我的疑问

把质数"筛"出来

阅读指导要点提示

❖ 学习目标

1. 经历用"筛选法"找出 100 以内质数的过程，理解"筛选法"背后的道理，能运用"筛选法"正确判断 100 以内的质数，体会有序思考，发展推理意识。

2. 了解"筛选法"的历史源流，感受数学家的智慧，增长见识。

❖ 实施要点

1. 创设情境，激发学生的阅读兴趣。

2. 自主阅读。给学生充分的时间去独立阅读"阅读单"，把学生之间的差异作为重要的课程资源，注重"兵教兵"，尤其要关注后进生的学习困难，及时给予指导与帮助。

3. 全班交流。反馈、交流"探究任务"的完成情况以及"我的学习体会"和"我的疑问"。教师释疑解惑。

❖ 知识链接

质　数

质数又称素数，有无限个。一个大于 1 的自然数，除了 1 和它本身以外不再有其他的因数，这个数就叫质数，否则称为合数。

根据算术基本定理，每一个比 1 大的整数，要么本身是一个质数，要么可以写成一系列质数的乘积；如果不考虑这些质数在乘积中的顺序，那么写出来的形式是唯一的。最小的质数是 2。

目前为止，人们未找到一个公式可求出所有质数。

100 以内有 25 个质数，其顺口溜是：

二，三，五，七，一十一；

一三，一九，一十七；

二三，二九，三十七；

三一，四一，四十七；

四三，五三，五十九；

六一，七一，六十七；

七三，八三，八十九；

再加七九，九十七；

25 个质数不能少；

百以内质数心中记。

"把质数'筛'出来"阅读单

同学们已经找到了 20 以内的质数，一共有（   ）个，分别是（   ）。如果数的范围再大一些，比如，100 以内的质数有哪些？有没有寻找质数的简单方法呢？

2000 多年前，古希腊数学家埃拉托斯特尼想出了一个寻找质数的简单方法：把 20 以内所有质数的倍数除了它本身之外都划去，剩下的便是质数。想一想，这是什么道理？

这是因为：_____。

下面我们就用这个方法试一试吧。

请你在百数表中进行以下操作。

1. 划掉 1，这是因为：＿＿＿＿＿＿＿＿＿＿＿＿＿＿＿；

2. 划掉除了 2 以外的所有 2 的倍数；

3. 划掉除了 3 以外的所有 3 的倍数；

4. 划掉除了 5 以外的所有 5 的倍数；

······

如此做下去，剩下的就是质数。

❖ 探究任务一

请你按照上面的方法在下面的百数表中试着做一做，最后用铅笔把质数圈起来。

1	2	3	4	5	6	7	8	9	10
11	12	13	14	15	16	17	18	19	20
21	22	23	24	25	26	27	28	29	30
31	32	33	34	35	36	37	38	39	40
41	42	43	44	45	46	47	48	49	50
51	52	53	54	55	56	57	58	59	60
61	62	63	64	65	66	67	68	69	70
71	72	73	74	75	76	77	78	79	80
81	82	83	84	85	86	87	88	89	90
91	92	93	94	95	96	97	98	99	100

❖ 探究任务二

观察上表中的质数，回答下面的问题。

1. 用 6 分别去除其他的质数：

$7 ÷ 6 =$ （　　　）······（　　　）

$11 ÷ 6 =$ （　　　）······（　　　）

$13 ÷ 6 =$ （　　　）······（　　　）

$17 ÷ 6 =$ （　　　）······（　　　）

$19 \div 6 = ($ $) \cdots\cdots ($ $)$

$\cdots\cdots$

我的发现（猜想）：

2. 再举几个大一些的质数来验证一下刚才的发现吧。

$($ $) \div 6 = ($ $) \cdots\cdots ($ $)$

$($ $) \div 6 = ($ $) \cdots\cdots ($ $)$

得出结论：

我的学习体会

我的疑问

稀缺的完美数

阅读指导要点提示

❖ 学习目标

1. 理解"完美数"的含义，经历探究"完美数"简单性质的过程，体会探究发现的乐趣。

2. 增进对因数与倍数的理解，增长见识。

❖ 实施要点

1. 情境激趣。简单介绍"完美数"，激发学生的阅读兴趣。

2. 自主阅读。给学生充分的时间去独立阅读"阅读单"，把学生之间的差异作为重要的课程资源，注重"兵教兵"，尤其要关注后进生的学习困难，及时给予指导与帮助。

3. 全班交流。反馈、交流"探究任务"的完成情况，以及"我的学习体会"和"我的疑问"。教师释疑解惑。

❖ 知识链接

完美数

完美数又称完全数，是一些特殊的自然数。它所有的真因子（即除了自身以外的因数）的和，恰好等于它本身。

如果一个数恰好等于它的真因子之和，则称该数为完美数。

例如：第一个完美数是 6，它有因数 1、2、3、6，除去其本身 6 以外，其余三个数相加，1+2+3=6。

第二个完美数是 28，它有因数 1、2、4、7、14、28，除去其本身 28 以外，其余五个数相加，1+2+4+7+14=28。

第三个完美数是 496，它有因数 1、2、4、8、16、31、62、124、248、496，除去其本身 496 以外，其余九个数相加，1+2+4+8+16+31+62+124+248=496。

完美数还有 8128、33550336 等。

完美数的研究历史

公元前 6 世纪的古希腊数学家、哲学家毕达哥拉斯是最早研究完美数的人，他已经知道 6 和 28 是完美数。毕达哥拉斯曾说："6 象征着完美的婚姻以及健康和美丽，因为它的部分是完整的，并且其和等于自身。"有些《圣经》注释家认为 6 和 28 是上帝创造世界时所用的基本数字，因为上帝创造世界花了 6 天，28 天则是月亮绕地球一周的天数。

在中国文化里，有六谷、六畜、六常（仁、义、礼、智、信、孝），天上四方有二十八宿等。6 和 28 在中国历史长河中之所以熠熠生辉，是因为它是一个完美数。难怪有的学者说，中国发现完美数比西方还早。

"稀缺的完美数" 阅读单

完美数又叫完全数。如果一个自然数，除去它本身以外的全部因数之和等于它本身，这个数就叫作完美数。比如，较小的两个完美数是 6 和 28。下面我们就来探究一下这两个完美数吧。

❖ 探究任务一

6 的全部因数有（   ），除去它本身之外，把其他因数相加：（   ）=（   ），所以，6 是一个完美数。

再试试 28，它是一个"完美数"吗？

28 的所有因数有（　　　　　　　　　　　），除去它本身之外，把其他因数相加：（　　　　　　　　）=（　　　），所以，28 也是一个完美数。

我们再试试其他数，如 32。

32 的所有因数有（　　　　　　　　　　　），除去它本身之外，把其他因数相加：（　　　　　　　　）=（　　　），说明 32 不是完美数。

早在公元前 6 世纪，古希腊数学家、哲学家毕达哥拉斯就发现了完美数的特性，他也是最早研究完美数的人，当时他便知道 6 和 28 是完美数。他曾说："6 象征着完美的婚姻以及健康和美丽，因为它的部分是完整的，并且其和等于自身。"意大利人常把 6 看作是属于爱神维纳斯的数，因为它象征着完美的婚姻。

由于完美数有许多有趣的性质和无与伦比的魅力，千百年来，它一直都吸引着众多数学家和无数业余数学爱好者对它进行研究。17 世纪，法国数学家、物理学家、哲学家笛卡尔曾经公开预言："能找出的完美数是不会多的，好比人类一样，要找一个完美的人亦非易事。"那么，到底有多少个完美数呢？事实上，寻找完美数并不是一件容易的事。约公元前 300 年，几何大师欧几里得在他的巨著《几何原本》第九章首次给出了寻找完美数的方法，被誉为欧几里得定理。1 世纪，古希腊著名数学家尼可马修斯在他的数论专著《算术入门》一书中，正确地给出了 6、28、496、8128 这四个完美数。1460 年，当人们处于迷惘之际，有人偶然发现在一位无名氏的手稿中，竟神秘地给出了第五个完美数 33550336。这比第四个完美数 8128 大了 400 多倍，但是手稿里没有说明他用什么方法得到的，也没有公布自己的姓名。1603 年，数学家克特迪历尽艰辛，终于证明了无名氏手稿中第五个完美数是正确的。寻找完美数并不是一件容易的事。经过数学家研究，到 2018 年，一共找到 51 个完美数。这种数稀少而优美，所以被人们称为"数论宝库中的钻石"。

数学家发现这种数还有一个特征：它们都是偶数，都以 6 或 8 结尾，如果以 8 结尾，那么后两位肯定是 28。比较小一点的完美数还有 496、8128 等。那么，有没有是奇数的完美数呢？这仍然是个未解之谜。

完美数有哪些神奇之处呢？下面我们就来研究和体验一下。

1.完美数 6=1+2+3，可以写成几个连续自然数相加的形式，28 也是完美数，是不是也可以写成这样的形式呢？试试看。

28=（　　　）+（　　　）+（　　　）+（　　　）+（　　　）+（　　　）+（　　　）

看来，这是完美数的一个重要性质。

2.完美数的一个重要性质：各位数字辗转式相加个位数是 1。除 6 以外的完全数，把它的各位数字辗转相加，直到变成个位数，那么这个个位数一定是 1。比如：

完美数 28：2+8=10，1+0=（ 1 ）。

完美数 496：4+9+6=19，1+9=10，1+0=（　　　）。

3. 28÷9=（　　　）……（　　　）

　 496÷9=（　　　）……（　　　）

　 8128÷9=（　　　）……（　　　）

我的发现：

我的学习体会

我的疑问

"多边形的面积"单元开启课

阅读指导要点提示

❖ 学习目标

1.通过阅读、探究，一方面唤醒对"面积"的已有知识经验，另一方面结合已有经验对新知做一些探索，为后续新知的学习做好知识和方法上的准备。

2.了解有关"面积"的背景知识，开阔视野，增长见识。

❖ 实施要点

1.创设情境，激发学生的阅读兴趣。

2.自主阅读。给学生充分的时间去独立阅读"阅读单"，把学生之间的差异作为重要的课程资源，注重"兵教兵"，尤其要关注后进生的学习困难，及时给予指导与帮助。

3.全班交流。反馈、交流"探究任务"的解答方法与答案，以及"我的学习体会"和"我的疑问"。教师适时进行点拨与引导。

❖ 知识链接

面积和面积计算

当物体占据的空间是二维空间时，所占空间的大小叫作该物体的面积。面积可以是平面的，也可以是曲面的。平方米、平方分米、平方厘米是常见的面积单位，用字母可以表示为 m^2、dm^2、cm^2。

面积是对二维空间图形的度量。测量图形的面积，实质是测量该图形所包含的面积单位的个数。可以借助图形与图形之间、各图形要素之间的关系，推导出多边形的面积计算公式。多边形面积计算公式的不同推导过程有着共同的原理，都是将未知转化为已知去解决新问题，都用到了转化、类比等思想方法。

面积和周长

面积和周长的区别有：

1. 含义不同。周长指的是一个图形的各条边长度的和，即一周的长度指的是外框。而面积是指各条边所围成的面的大小，指的是外框里面的部分。

2. 大小不同。周长实际上是一条线，因此用的是长度单位，而面积是图形所占平面的大小。例如画一个长方形，然后给图形涂上颜色，那么画的线就是它的周长，而涂颜色的部分就是图形的面积。

3. 算法不同。面积计算的是图形包含的面积单位的个数。以长方形的面积为例，长对应的是图形中一行能摆几个面积单位，宽对应的是能摆这样的面积单位几行，长乘宽计算的就是图形中包含的面积单位的个数。周长计算的是图形一周边线的长度，把图形一周的所有边长相加就是图形的周长。

"'多边形的面积'单元开启课"阅读单

（一）

"面积"的概念很早就形成了。在古代埃及，尼罗河每年都会泛滥一次，洪水给两岸带来了肥沃的淤泥，但也抹掉了田地之间的界限标志。洪水退去，人们要重新划出田地的界限，就必须丈量和计算田地，于是逐渐有了"面积"的概念，"积"就是积累的意思。数学上，把物体的表面或者平面图形的大小叫作面积。

数学上这样来研究面积问题：首先规定边长为 1 的正方形的面积为 1，并将其作为不证自明的公理。我们已经学过的面积单位有（　　　）（　　　）（　　　），相邻两个面积单位之间的进率是（　　　）。然后，用这样的所谓"单位正方形"来度量其他平面几何图形的大小。

❖ **探究任务一**

1. 写出下面各图形的面积。（每个小正方形的面积是 1 平方厘米）

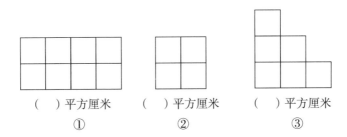

（　　）平方厘米　　　　（　　）平方厘米　　　　（　　）平方厘米
　　　①　　　　　　　　　　②　　　　　　　　　　③

可以发现：图形的面积有多大，就是看图形里面所包含的（　　　）的个数。

2. 上面的图①是一个长方形，它的长是（　　　）厘米，就表示沿着长边可以摆（　　　）个边长为 1 厘米的小正方形；宽是（　　　）厘米，就表示能摆这样的小正方形（　　　）行；用每行摆（　　　）个 × 摆了（　　　）行 = 一共能摆（　　　）个小正方形，所以长方形的面积 =（　　　）×（　　　）=（　　　）平方厘米。

3. 在括号里填上合适的单位。

（1）一根跳绳长约 2（　　　）。

（2）笑笑家客厅的面积约 40（　　　）。

（3）一个正方形手帕的面积约 400（　　　）。

4. 一个长方形花坛的长是 4.2 米，宽是 2.5 米，这个花坛的面积是（　　　）平方米，花坛的周长是（　　　）米。

（二）

一个平面图形从一个地方移动到另一个地方，面积不会改变。或者把一个大图形分割成若干个小图形之后，各部分小图形面积的和等于原来大图形的面积。这就是著名的"出入相补原理"（又称"以盈补虚原理"），最早是由我国魏晋时期的数学家刘徽所创建。

❖ **探究任务二**

1.下面哪些图形的面积与图①的面积一样大？你能用"出入相补原理"解释道理吗？在图上用铅笔画一画是怎样"出入相补"的。

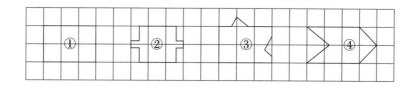

图（　　　）的面积与图①一样大。

2.你知道下面各图形的面积大小吗？（每个小正方形的面积是1平方厘米）

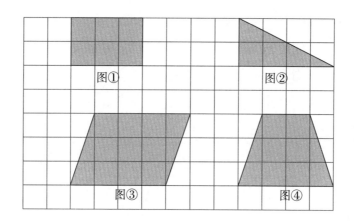

图①的面积是（　　　）平方厘米；图②的面积是（　　　）平方厘米；图③的面积是（　　　）平方厘米；图④的面积是（　　　）平方厘米。

你是怎么知道的？把想法在图中画出来。

我的学习体会

我的疑问

面积公式推导的另类思路

阅读指导要点提示

❖ 学习目标

1. 理解并掌握多种平面图形面积公式的推导方法，体会解决问题策略的多样性，发展直观想象、推理意识与创新意识。

2. 增强学习数学的兴趣，开阔视野，增长见识。

❖ 实施要点

1. 创设情境，激发学生的阅读兴趣。

2. 自主阅读。给学生充分的时间去独立阅读"阅读单"，把学生之间的差异作为重要的课程资源，注重"兵教兵"，尤其要关注后进生的学习困难，及时给予指导与帮助。

3. 全班交流。反馈、交流"探究任务"的完成情况，以及"我的学习体会"和"我的疑问"。教师适时进行指导与讲解。

❖ 知识链接

出入相补原理

中国古代几何学不仅有悠久的历史，丰富的内容，重大的成就，而且有一个具有中国独特风格的体系，这和西方的欧几里得体系不同。"出入相补原理"不仅是中国古代几何学最基本的原理之一，而且其中蕴含了丰富的数形结合的思想和方法。

所谓"出入相补原理"，用现代语言来说，就是指一个平面图形从一处移置他处，面积不变。又若把平面图形分割成若干块，那么各部分面积之和等于原来图形的面积，因而图形移置前后各面积之间的和、差有简单的相等关系。立体的图形亦如此。

应用该原理，容易得出"三角形面积 = 底 × 高 ÷ 2"这一通用公式，由此也可以得出梯形等多边形的面积公式。

"面积公式推导的另类思路"阅读单

亲爱的同学们，我们已经知道了长方形、正方形、平行四边形、三角形和梯形等平面图形的面积计算公式。在推导面积公式的过程中，可以采用"数方格"的方法，也可以将图形经过"剪、拼"，转化成已经学过的图形的方法。

比如，推导三角形（梯形）的面积公式时，一般会把两个完全相同的三角形（梯形）拼成一个（　　　　　）形。这时候的三角形（梯形）与拼成的（　　　　　）形等（　　　）等（　　　），根据（　　　　　）的面积 = （　　　）×（　　　），可以推导出三角形的面积 = （　　　　　），梯形的面积 = （　　　　　）。

除了上述推导方法之外，还有其他的推导方法。比如，我国古代数学家刘徽就是利用"出入相补原理"来计算平面图形的面积。"出入相补原理"就是把一个图形经过分割、移补，图形的面积保持不变。

以 △ABC 为例，把 △ABC 放在格子图中，假设每个小方格的边长是 1 厘米，那么 △ABC 的底就是 6 厘米，高是 4 厘米（如下图）。请完成下面的探究任务。

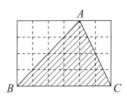

1. 如下图所示，我们把△ABC沿着两个腰的中点画线，把它分为上下两部分。把△ABC的上半部分经过旋转或平移后，拼成一个长方形。

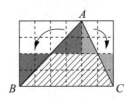

△ABC的面积 = 剪拼成的长方形面积

长方形的长 = △ABC的（　　　　）

长方形的宽 = △ABC的（　　　　）

△ABC的面积 = 长方形的面积 =（　　　）×（　　　）=（　　　）平方厘米

2. 如下图所示，剪拼方法不同，也把△ABC转化成一个长方形。

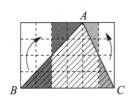

长方形的长 =（　　　）厘米

长方形的宽 =（　　　）厘米

△ABC的面积 = 长方形的面积 =（　　　）×（　　　）=（　　　）平方厘米

3. 如下图所示，△ABC又转化成一个平行四边形，△ABC的面积 = 平行四边形的面积。

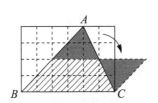

平行四边形的底 = （　　　　）厘米

平行四边形的高 = （　　　　）厘米

△ABC 的面积 = 平行四边形的面积 = （　　　　）×（　　　　）=（　　　　）平方厘米

4. 如下图所示，将 △ABC 由上、左和右三个方向的小三角形分别向内对折，正好又拼成了一个长方形，这样 △ABC 的面积就转化为两个小长方形的面积。

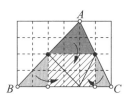

小长方形的长 = （　　　　）厘米

小长方形的宽 = （　　　　）厘米

△ABC 的面积 = 小长方形的面积 ×2=（　　　　）×（　　　　）×2=（　　　　）平方厘米

5. 如下图所示，从 △ABC 的三个顶点 A、B、C 处分别画垂线和平行线，形成一个大长方形。

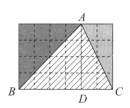

长方形的长 = △ABC 的（　　　　）

长方形的宽 = △ABC 的（　　　　）

△ABC 的面积 = 大长方形面积的一半 = （　　　　）×（　　　　）÷2=（　　　　）平方厘米

通过以上不同的计算思路，大家知道了计算三角形的面积不只有一种思路。只要善于动脑筋，多从不同的角度去思考问题，就会有意外的发现。

三角形可以这样推导面积公式，同学们也可以用类似的方法来推导梯形的面积公式。

❖ **探究任务二**

已知梯形的上底是 2 厘米，下底是 3 厘米，高是 2 厘米，如下图所示。图中给出了辅助线，你能自己推导出梯形的面积吗?

方法一：

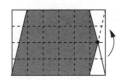

方法二：

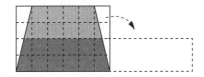

我的学习体会

我的疑问

“鸡兔同笼”问题的巧思妙解

阅读指导要点提示

❖ 学习目标

1. 理解、解决“鸡兔同笼”问题的若干常用方法，并能运用这些方法解决简单的实际问题。

2. 体验解决问题策略的多样化，发展思维能力，增强学习数学的兴趣。

❖ 实施要点

1. 创设情境，激发学生的阅读兴趣。

2. 自主阅读。给学生充分的时间去独立阅读“阅读单”，把学生之间的差异作为重要的课程资源，注重“兵教兵”，尤其要关注后进生的学习困难，及时给予指导与帮助。

3. 全班交流。反馈、交流“探究任务”的完成情况，以及“我的学习体会”和“我的疑问”。教师释疑解惑。

❖ 知识链接

鸡兔同笼

“鸡兔同笼”是中国古代的数学名题之一。大约在 1500 年前，《孙子算经》中记载了这个有趣的问题。书中是这样叙述的：“今有雉兔同笼，上有三十五头，下有九十四足，问雉兔各几何？”

由于汉高祖刘邦的妻子吕后名字带"雉"，后世为了避讳，就把"雉"改成"野鸡"。汉之后，"野鸡"的"野"字也就取消了。于是，一般提到这个问题时，就简称为"鸡兔同笼"问题。

上述四句话的意思是：有若干只鸡兔同在一个笼子里，从上面数，有35个头，从下面数，有94只脚。试问，笼中各有多少只鸡和兔？

《孙子算经》的作者为本题提出的解法是：

术曰：上置三十五头，下置九十四足。半其足，得四十七，以少减多，再命之，上三除下四，上五除下七，下有一除上三，下有二除上五，即得。

也就是说：在第一行摆好35，第二行摆好94，将脚数除以2，用头数去减半脚数，用剩下的数（我们现在知道这是兔数）减去头数。这样第一行剩下的是鸡数，第二行剩下的是兔数。

上面的计算，可以归结为下面的算式：

总脚数 ÷2– 总头数 ＝ 兔子数

总头数 – 兔子数 ＝ 鸡数

"'鸡兔同笼'问题的巧思妙解"阅读单

中国古代数学著作中的许多数学名题，不仅生动有趣、构思巧妙，而且解法独特，"鸡兔同笼"问题就是其中的一个，这个问题最早见于《孙子算经》。原题是这样的：

今有雉兔同笼，上有三十五头，下有九十四足，问雉兔各几何？

这道题目的意思是说：现有一些鸡和兔，关在同一个笼子里。从上面看，共有35个头；从下面看，共有94只脚。试问，有多少只鸡，多少只兔子？

数学不论深浅，要想取得重大进展，少不了巧思妙解。下面就介绍几种巧妙的解法。悄悄告诉你：已经有许多同学因为这些有趣的解法，爱上了"鸡兔同笼"，爱上了数学。相信你也会的！

1. 人见人爱的"列表法"。

用列表法，直观、易懂，且不容易出错。我们在列表的时候不要按顺序一个一个地列，否则做题的速度会很慢，比如说列完鸡为 0 只，兔子为 35 只，发现脚的数量 140 只，和实际 94 只相差较大，那么下一个你可以跳过鸡的数量为 2 只、3 只……直接列鸡的数量为 10 只，这样做题速度就会快一些。不过，等到脚数接近实际的 94 只时，就要按顺序试着做了，以免错过！

鸡	0	10	20	22	23
兔	35	25	15	13	12
脚	140	120	100	96	94

2. 最快乐的画图法。

画图可以让数学变得形象化，而且经常画图还有助于创造力的培养。

假设 35 只全部是鸡，先把鸡画好。

35×2=70（只），差 94-70=24（只），而一只鸡补 2 只脚就变成兔子，24÷2=12（只），故需要把 12 只鸡各补 2 只脚，所以有 12 只兔子，鸡的数是 35-12=23（只）。

3. 最酷的"金鸡独立法"。

《孙子算经》中给出的解法是"金鸡独立法"。设想笼子里的鸡都提起一条腿，集体表演"金鸡独立"，所有的兔子都是两条后腿落地，翘起前腿。这时，每只鸡落地的脚数为 1，就是头数；每只兔子落地的脚数是 2，等于头数加 1。所以，总脚数的一半与总头数的差，是一定等于兔子只数的。这个解法实际上等同于下面的操作：

取脚数的一半：94÷2，得47；

用脚数的一半47减去头数35，得12，就是兔子的数量；

用头数35减去兔子的只数12，得23，就是鸡的数量。

请看，中国古人把"一一对应"原理运用得多么得心应手、神乎其神呀。美国著名数学教育家波利亚教授在其权威著作《数学发现》里对中国古人这种解法极为推崇，赞扬备至。

4. 最逗的"吹哨法"。

假设鸡和兔接受过特种部队训练，吹一声哨，它们抬起一只脚，此时有94−35=59只脚在站着。再吹一声哨，它们又抬起一只脚，这时鸡会一屁股坐在地上，兔子还有两只脚立着。这时还有59−35=24只脚在站着，而这24只脚全部是兔子的，所以兔子的数量为24÷2=12（只），鸡的数量为35−12=23（只）。

5. 最常用的"假设法"。

假设笼子里全部是兔子，则脚有35×4=140（只），比实际多140−94=46（只）。如果把一只兔子换成一只鸡，脚数就减少2，46÷2=23，所以需要把23只兔子换成鸡，即鸡为23只，兔子数量为35−23=12（只）。

6. 最牛的"特异功能法"。

鸡有2只脚，比兔子少2只脚，但是鸡有2个翅膀，兔子却没有。假设鸡有特异功能，把2个翅膀变成2只脚，那么鸡也有4只脚，此时脚的总数是35×4=140（只），但实际上只有94只，为什么呢？因为我们把鸡的翅膀当作脚来算，所以鸡的翅膀有140−94=46（个），即鸡有46÷2=23（只），兔子有35−23=12（只）。

7. 最残忍的"砍足法"。

假如把每只鸡砍掉1只脚，每只兔子砍掉2只脚，则每只鸡就变成了"独角鸡"，每只兔子就变成了"双脚兔"。这样，鸡和兔的脚的总数是94÷2=47（只）。如果笼子里有一只兔子，则脚的总数比头的总数多1。因此，脚的总数47与总头数35的差，就是兔子的只数，即47−35=12（只）。所以，鸡的只数就是35−12=23（只）。

这个方法是古人想出来的，但有点儿残忍！

8. 最坑的"耍兔法"。

假如老师喊口令："兔子，耍酷！"此时兔子们都把 2 只前脚高高抬起，2 只后脚着地，呈酷酷的姿态，此时鸡和兔都是两只脚着地。地上脚的总数是 $35 \times 2 = 70$（只），而原来有 94 只脚，$94-70=24$（只），多出 24 只。为什么会多呢？因为兔子们把它们的两只前脚抬了起来，所以兔的只数是 $24 \div 2 = 12$（只），鸡是 $35-12=23$（只）。

9. 最万能的"方程法"。

解：设鸡的数量为 x 只，则兔子有（$35-x$）只。

等量关系式：鸡的脚数 + 兔的脚数 =94。

列方程：$2x+$（$35-x$）$\times 4 = 94$。

解出 $x=23$。

所以鸡有 23 只，兔子有 $35-23=12$（只）。

一个"鸡兔同笼"问题就有这么多有趣的方法来解答，是不是很神奇？"鸡兔同笼"问题传到美国后，世界著名数学家波利亚也对"鸡兔同笼"问题进行了研究，问题是："一个农夫有若干只鸡和兔子，它们共有 50 个头和 140 只脚，问鸡、兔各有多少只？"

波利亚的方法是假设一个情境：农夫惊奇地看着鸡兔们开始非凡的表演，每只鸡都用一只脚站着，而每只兔子都用两只后脚站着。在这么惊人的情况下，总脚数减少了一半，$140 \div 2 = 70$（只），即现在有 70 只脚。在 70 这个数里，鸡的头数数了一次，而兔子的头数却数了两次，70 减去总的头数，剩下的就是兔子的只数：$70-50=20$（只）。因此，鸡有 $50-20=30$（只）。

大家发现没有，波利亚用的方法其实也是"金鸡独立法"。

有意思的是，"鸡兔同笼"问题传到日本后，变成了"鹤龟算"，虽然名称变了，但其实还是中国的"鸡兔同笼"问题。

了解了这么多"巧思妙解"，请你也来小试身手吧。

1. 淘气用"列表法"尝试解决一道"鸡兔同笼"问题。当他尝试鸡为 8
只，兔为 9 只时，发现计算出的腿数比实际多了 6 条，实际上鸡有（　　）
只，兔有（　　）只。

2. 请你用喜欢的方法解答：有龟鹤共 40 只，龟的腿和鹤的腿共有 112
条。请问，龟、鹤各有几只？

我的学习体会

我的疑问

抛硬币试验与游戏公平

阅读指导要点提示

❖ 学习目标

1. 通过阅读，理解游戏公平是根据游戏各方获胜的可能性是否相等来判断的，能设计游戏公平的方案并说明理由。

2. 了解数学史上的抛硬币试验，增进对数学家钻研精神的体验，体会数学与生活的密切联系，增强学习数学的兴趣。

❖ 实施要点

1. 情境激趣。以"足球比赛中的抛硬币"情境引入，激发学生的阅读兴趣。

2. 自主阅读。给学生充分的时间去独立阅读"阅读单"，把学生之间的差异作为重要的课程资源，注重"兵教兵"，尤其要关注后进生的学习困难，及时给予指导与帮助。

3. 全班交流。反馈、交流"探究任务"的完成情况，以及"我的学习体会"和"我的疑问"。教师释疑解惑。

❖ 知识链接

"等可能性"的教学

等可能性是指假设一个试验的所有可能发生的结果有 n 个，它们都是随机事件，每次试验有且只有其中的一个结果出现。如果每个结果出现的机会都一样，那么这个试验的结果有等可能性。

事实上，小学阶段学的概率都是定义出来的概率，是理论概率。因此，在试验之前，概率已经存在。比如，一枚硬币，先假设它出现正面或反面的可能性，这个是通过概率的定义得到的，不是依靠抛硬币试验验证出来的。

抛一枚硬币时，既可以正面朝上，也可以反面朝上，结果是无法预料的，但直观上会感到正面朝上与反面朝上的机会应该相等。"一看就知道"的结论，为什么在概率论的发展史上，曾有那么多著名的数学家要通过做成千上万次的试验来证明呢？这里面究竟隐藏着什么？

事实上，教学中让学生亲身试验来确定概率是有风险的。课堂上，教师们只能让学生做有限的数十、上百次试验，学生做了很多次试验后不一定能得到结果，试验结果很可能还会推翻最初的"直观"感觉。当然，增加试验次数，可以降低这种风险。试验次数越多，结果越逼近理论值。当大量重复做抛硬币试验时，二者出现的频率在 0.5 附近摆动，我们就认为正面朝上和反面朝上的可能性是相等的。但是课堂时间毕竟有限。因此，与其让学生在课堂上做抛硬币试验，不如充分运用学生的直觉，通过数学阅读、互动交流的方式感受"等可能性"。

"抛硬币试验与游戏公平"阅读单

大家知道，玩游戏最重要的是公平。足球比赛也是一种游戏。比赛开始前，裁判员用抛硬币的方法决定哪支球队先开球，这是为什么呢？

抛硬币的结果是随机的，也就是不确定的，用这种方法决定哪支球队先开球是否公平呢？下面我们就一起来探究一下吧。

请大家先想一想，抛一次硬币，结果会有几种情况呢？是的，抛硬币的结果一般有两种，可能（　　），也可能（　　）（万一硬币立起来了，就重新抛一次），这样，两支球队都有先开球的可能。那么，这两种结果出现的可能性是否相同呢？这个问题曾经吸引了许多数学家去研究。为了验证这个结论，历史上有些数学家做了成千上万次抛硬币的试验，结果如下。

试验者	抛掷次数	正面向上次数	频　率
棣莫弗	2048	1061	0.5181
布封	4040	2048	0.5069
克里奇	10000	5067	0.5067
皮尔逊	24000	12012	0.5005

从上面表格中的试验结果可以看出，抛一次硬币，出现正面朝上或者反面朝上的情况纯粹是偶然的，但是大量的偶然事件却会表现出一定的规律，这个规律就是：抛的次数越多，出现正面（或反面）朝上的频率就越在 0.5 左右摆动，说明正面朝上和反面朝上的可能性（　　）。因此用抛硬币的方法决定哪支球队先开球比较公平。

❖ **探究任务一**

小玲和小丽玩跳棋游戏，谁先走呢？

1. 小亮为她们想了一个办法：掷色子。掷一次色子，点数大于 3 小玲先走，点数小于 3 小丽先走，如果点数是 3 就重新掷。这个方法公平吗？为什么？

2. 小军也为她们想了一个办法：掷啤酒瓶盖。掷出去后落地，盖面朝上小玲先走，盖面朝下小丽先走。这个方法公平吗？为什么？

3. 你能为小玲和小丽再想一个公平的办法吗？

❖ **探究任务二**

可可和乐乐下棋，谁先走呢？选出点数为 1、2、3、4、5、6 的扑克牌各一张，反扣在桌面上。请你利用这六张扑克牌，设计一个对双方都公平的游戏规则。

我的学习体会

我的疑问

有趣的兔子数列

阅读指导要点提示

❖ 学习目标

1. 经历"兔子数列"排列规律的探究过程，能够运用发现的规律进行推理，发展推理意识。

2. 了解斐波那契发现"兔子数列"排列规律的故事，体会数学与生活的密切联系，增长见识。

❖ 实施要点

1. 情境激趣。介绍数学家斐波那契从兔子繁殖中发现规律的故事，激发学生的阅读兴趣。

2. 自主阅读。给学生充分的时间去独立阅读"阅读单"，把学生之间的差异作为重要的课程资源，注重"兵教兵"，尤其要关注后进生的学习困难，及时给予指导与帮助。

3. 全班交流。反馈、交流"探究任务"的解答方法与答案，以及"我的学习体会"和"我的疑问"。教师适时进行点拨与引导。

❖ 知识链接

斐波那契数列

斐波那契数列，又称"黄金分割数列"，因意大利数学家莱昂纳多·斐波那契以兔子繁殖为例而引入，故又称"兔子数列"。其指的是这样一个数列：1、1、2、3、5、8、13、21、34……这个数列从第3项开始，每一项都等于前两项之和。

有趣的是，这样一个完全是自然数的数列，通项公式却用无理数来表达。而且当数列趋向于无穷大时，前一项与后一项的比值越来越逼近黄金分割值0.618（或者说后一项与前一项的比值的小数部分越来越逼近0.618）。

斐波那契数列在自然科学的其他分支有许多应用。例如，树木的生长，由于新生的枝条往往需要一段"休息"时间，供自身生长，而后才能萌发新枝。所以，一棵树苗在一段间隔，例如一年以后长出一条新枝；第二年新枝"休息"，老枝依旧萌发；此后，老枝与"休息"过一年的枝同时萌发，当年生的新枝则次年"休息"。这样，一棵树各个年份的分枝数，便构成斐波那契数列。

另外，观察许多花的花瓣数，会发现它们也常常符合斐波那契数列中的某一项，如百合（3片）、毛茛（5片）、翠雀花（8片）、万寿菊（13片）、向日葵（21或34片）。不同品种的雏菊有着不同数量的花瓣，但它们一直都是斐波那契数列中的项（21、34、55、89）。

这些植物懂得斐波那契数列吗？应该并非如此，它们只是按照自然的规律才进化成这样。这似乎是植物排列种子的"优化方式"，它能使所有种子具有差不多的大小却又疏密得当，不至于在圆心处挤了太多的种子而在圆周处稀稀拉拉。

"有趣的兔子数列"阅读单

斐波那契是13世纪初欧洲著名的数学家，他生活在意大利的比萨，当地有个著名的景点叫比萨斜塔。

一天，斐波那契到外面散步，看到一个院子里有个小男孩在用萝卜喂兔子。这是一对长着红眼睛、长耳朵的白兔，非常可爱，斐波那契站在那里看了好一会儿。

几个月后，斐波那契又走到那里，发现院子里有很多大大小小的兔子。

斐波那契问道："你又买了些兔子吗？"男孩回答："没有买，这些兔子都是原来那对兔子生的。""一对兔子能生这么多吗？"斐波那契感到很吃惊。男孩说："兔子繁殖可快了，每个月都要生一次小兔子，而且小兔子出生两个月后，就能够再生小兔子了。""哦，原来是这样。"斐波那契明白了。

回家以后，斐波那契又想到了那些兔子："那么，一年之后一共会有多少对兔子呢？"他给自己出了一道题。

假如有一对刚出生的小兔子，一个月后，长成大兔子；再过一个月，生出了一雌一雄的一对小兔子。而这对小兔子又过了一个月长成大兔子，也开始每个月生出一对小兔子。就这样不断地繁殖。总之，每过一个月，小兔子可以长成大兔子，而一对大兔子每个月总是能生出一对小兔子。这些兔子在一年内没有死亡。试问：一年后共有多少对兔子？

斐波那契是这样考虑的：

第一个月，买来一对刚刚出生的小兔子。

第二个月，还是一对，不过要注意，小兔子已经成年，下个月它们就可以当爸爸妈妈了。

第三个月，这对小兔子长大了，生了一对小兔子，这样就有两对兔子了。

第四个月，其中一对成年兔子又生了一对小兔子，一共是三对。

……

不妨画出一个图（如下图），图中黑圈●表示小兔的对数，白圈○表示大兔的对数。

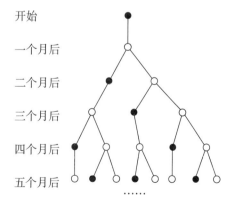

❖ **探究任务**

1.把上面的过程记录在下面的表格里。

月 份	一	二	三	四	五	六
小兔数（对）						
大兔数（对）						
兔子总数（对）						

显然，兔子数总是由两部分组成：大兔数和小兔数。因为上个月有多少对大兔，下个月就有多少对小兔，所以当月的小兔数，就是上个月的（　　　）数。因为不管大兔还是小兔，到了下个月都是大兔，所以当月的大兔数，就是上个月的（　　　）。根据这一结论，又可以知道：上个月的大兔数就是前一个月的（　　　）数。

当月的兔子总数 =（　　　）数 +（　　　）数

2.根据这个规律，请算出以后任意一个月份共有几对兔子。

第七个月：（　　　）+（　　　）=（　　　）（对）

第八个月：（　　　）+（　　　）=（　　　）（对）

第九个月：（　　　）+（　　　）=（　　　）（对）

第十个月：（　　　）+（　　　）=（　　　）（对）

第十一个月：（　　　）+（　　　）=（　　　）（对）

第十二个月：（　　　）+（　　　）=（　　　）（对）

所以，一年以后，共有（　　　）对兔子。

我们把一年 12 个月内的兔子数从小到大排成一列，就是"兔子数列"。

斐波那契很高兴自己发现了这个有趣的规律，并于 1228 年把它写入《计算之书》。人们把上面的一列数又叫作斐波那契数列。它的第一、第二项为 1，而从第三项起，每一项都等于它的前两项之和。

斐波那契数列不但有趣，也很有用。在大自然中，有很多神奇的应用。感兴趣的同学可以自行搜索"斐波那契数列的应用"，你会知道更多神奇的知识呢！

我的学习体会

我的疑问

"分数的意义"单元开启课

阅读指导要点提示

❖ **学习目标**

1.唤醒对"分数"的已有知识和经验,为"分数的意义"单元学习做好准备。

2.了解分数的产生历史,开阔视野,增长见识。

❖ **实施要点**

1.创设情境,激发学生对分数学习的兴趣。

2.自主阅读。给学生充分的时间去独立阅读"阅读单",把学生之间的差异作为重要的课程资源,注重"兵教兵",尤其要关注后进生的学习困难,及时给予指导与帮助。

3.全班交流。反馈、交流"探究任务"的完成情况,尤其关注学生提出的疑问。教师适时进行点拨与引导。

❖ **知识链接**

分数的内容编排

分数是小学数学教学内容中的重要组成部分,分数的教学横跨两个学段,在《义务教育数学课程标准(2022年版)》中规定第一学段的要求是"初步认识分数",到第二学段的要求则是"理解分数的意义"。那么,小学生在分数学习中需要认识什么呢？现行教材的编排大致如下图所示。

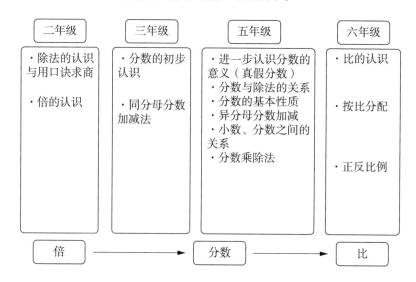

通过对教材的纵向梳理，可以发现：

1. "倍""比"这两部分知识在内容上似乎与分数没有联系，但它们都是在"关系"学习的链条上。

2. 深入分析这条"链条"发现，"倍"表达的是部分与部分、整体与部分的整数关系。三年级分数的初步认识表示了部分与整体的关系，到了五年级增加了分数表示数量的内涵，六年级的比则是表达量与量的关系。通过梳理不难发现分数的两层含义：量与率。在表示率的关系中，又有部分与整体的关系和量与量的关系，知识的起点在于"平均分"。

在"分数"概念的教学中，我国的教材一般都经历以下两个阶段。

第一阶段："初步认识分数"。主要是借助操作和具体情境从"部分—整体"的角度初步认识分数，暂不给分数下定义，只是通过实例突出分数的实质是"平均分"。

第二阶段："分数的再认识"。主要是让学生从感性认识上升到理性认识，通过实例，使学生理解：单位"1"不仅可以表示一个物体、一个计量单位，还可以表示由多个物体组成的整体。在此基础上，使学生明确分数的意义、分子和分母的含义、分数单位的概念。

教学时，要准确把握分数在不同学段的目标要求，做到教学到位又不越位。

分数概念的内涵

分数是数的概念在整数基础上的第一次重要扩充，分数的产生来自一个动态的过程——"分一分"。为了解决分配问题，当无法用整数加以解决时，人们便创造了分数。分数本身是一种数，通常把形如 $\dfrac{b}{a}$ 的数称为分数，其中的 a 为分母，b 为分子。一般情况下，要求分子和分母都是正整数。把能写成分数形式的数称为有理数，不能用分数表示的数称为无理数。

分数是一个兼具多重意义的数学概念。史宁中教授指出，就整个中小学数学来说，分数主要有两个作用：一是作为有理数出现的一种数，它能和其他的数一样参与运算；二是以比的形式出现的数。而后者是小学分数教学的重点。最重要的分数是真分数，即分数的分子小于分母，它代表一个事物或一个整体的一部分，其本质在于它的无量纲性。也就是说，无论是一块小月饼还是一个大蛋糕，如果等分成 5 份，那么每一份都是 $\dfrac{1}{5}$，与整体本身的大小无关；无论是 4 只鹅还是 400 只鹅，与鸭子数量的比例都是 1∶3，这个比例与数量的多少无关。

基于此，张丹教授把对分数的认识归结为两个维度和四个方面：两个维度是"比"和"数"；四个方面是比率、度量、运作和商。具体结构如下图所示。

"比的维度"指的是部分与整体或一部分与另一部分之间的关系；"数的维度"指的是以有理数形式出现的分数，此时的分数表现的是一个结果。在两个基本维度之下，可以从四个方面来完成对分数丰富性的认识，即比率、度量、运作和商。

"比率"是指部分与整体的关系和部分与部分的关系。其中第一阶段，学生主要体会的是部分与整体的关系，而到了第二阶段，学生将认识部分与部分之间的关系。比如，小红有 5 个苹果，小丽有 3 个苹果，小红的苹果是小丽的 $\dfrac{5}{3}$

倍。再如，小红家有 4 只鹅，鹅的数量是鸭子数量的 $\frac{1}{3}$，小红家有几只鸭子?

其中的 $\frac{1}{3}$ 说的就是部分与部分之间的比例关系：1 只鹅对应 3 只鸭子，2 只鹅对应 6 只鸭子，以此类推，4 只鹅就对应 4×3=12 只鸭子。对"比率"的理解，可以帮助学生完成对分数的基本性质以及通分、约分等相关知识的认识。

"度量"指的是可以将分数理解为分数单位的累计。例如，$\frac{3}{4}$ 里面有 3 个 $\frac{1}{4}$，就是用分数 $\frac{1}{4}$ 作为单位度量三次的结果。从度量方面体会，可以大大丰富学生对分数的认识，也可以直接作用于分数加（减）法的学习中。

"运作"主要指的是将对分数的认识转化为一个运算的过程。比如，想知道 6 张纸的 $\frac{2}{3}$ 是多少张纸，学生将 $\frac{2}{3}$ 理解为将 6 张纸这个整体平均分成 3 份，取其中的 2 份，列出算式就是 $6 \div 3 \times 2$，也就是 $6 \times \frac{2}{3}$。

"商"主要指的是分数转化为除法之后运算的结果，它使学生对分数的认识由"过程"凝聚到"对象"，即分数也是一个数，也可以和其他数一样进行运算。

以上四个方面相辅相成，共同承担着学生对分数意义丰富性认识的建构。其中，"商""度量""运作"这三个方面的认识最终可以凝聚为对分数是一个数的认识。以上对分数的理解为我们从整体上把握小学分数概念提供了思考的方向。

人类认识分数也是从认识分数单位开始。分数单位同自然数的计数单位本质上是一致的，但因为分数单位是随着单位"1"被等分的份数的变化而变化，不像自然数（个、十、百、千、万等）或小数的计数单位（十分之一、百分之一等）那样有明确的倍数关系，这就使学生理解起来比较抽象和困难。更困难的是，单位"1"可以被平均分为任意等份，从而任何一个分数都有无数个"分数单位"；而一个固定的自然数或有限小数的计数单位是有限个，各个单位之间的关系又都是"十进"的。这给分数大小比较以及分数运算（尤其是加减运算）带来了不便。于是，要把不同的计数单位转化成相同的计数单位，才能比较大小、进行加减运算。

把一个整体等分可以得到分数单位，比如，把一个月饼等分成 5 份，其中的 1 份是 $\frac{1}{5}$，2 份是 $\frac{2}{5}$。$\frac{1}{5}$ 就是分数单位，而 $\frac{2}{5}$ 表示的是两个分数单位：$\frac{2}{5}$ =

$\frac{1}{5} + \frac{1}{5}$。两个分数的分母相同，意味着这两个分数的分数单位相同，这种情况容易比较两个分数的大小，也容易进行分数的加减法运算。$\frac{1}{5} + \frac{2}{5} = \frac{3}{5}$，这个运算表示的是：1 个分数单位加上 2 个分数单位等于 3 个分数单位。两个分数分母不同，意味着这两个分数的分数单位不同。因此，必须对两个分数的原有分数单位进一步等分，使得两个分数能够在相同的分数单位上进行大小比较和加减法运算。如 $\frac{1}{5} + \frac{1}{2} = \frac{2}{10} + \frac{5}{10} = \frac{7}{10}$。进一步，由于分数单位从 $\frac{1}{5}$ 转化为新的分数单位 $\frac{1}{10}$，原来单位的 2 份就等价于新单位的 4 份：$\frac{2}{5} = \frac{4}{10}$。正是这个原因，才有通常所说的分数的基本性质：分数的分子和分母同时乘或除以相同的数（0 除外），分数大小不变。利用这个性质，就可以得到一般的异分母分数的加减法运算法则。

"分数的意义"应该是"任何一个分数都是其分数单位累加的结果"（如同自然数、小数的组成与分解），即先有"分数单位"，再数出单位的个数，个数与分数单位相乘的结果就是"分数"。分数是一种有大小的新数，其目的是帮助我们度量小于 1 的量。这样看待"分数"，全部"数"的构成与结构就都一致了，学生也就更认可分数是一个"数"。

"'分数的意义'单元开启课"阅读单

"分数"一词大家都耳熟能详，但分数产生和发展的历史可能知道的人就很少了。人类历史上最早产生的数是自然数，因为在测量和平均分的时候往往不能正好得到整数的结果，这样就产生了分数。故分数几乎和自然数一样古老。

200 多年前，瑞士数学家欧拉在《通用算术》一书中写道，要想把 2 米长的一根绳子分成三等份是不可能的，因为找不到一个合适的数来表示它，如果把它分成三等份，每份是（　　　）米，这是一种新的数，我们把它叫作分数。分数这个名称直观而生动地表示了这种数的特征。

从这个例子就可以看出，分数是为了解决生活中分物、测量过程中进行准确定量表达的需要，也是为了完善除法运算的需要而产生的。

❖ **探究任务一**

1.（1）把1米长的彩带平均分成2份，1份是（　　）米。

（2）把1米长的彩带平均分成3份，1份是（　　）米。

比较这两个分数的大小，（　　）>（　　）。分母越大，分数就越（　　）。

2.（1）把一个长方形平均分成4份，每份是这个长方形的（　　），3份是它的（　　）。

（2）把1米长的线段平均分成5份，其中的2份是（　　）米，也就是1米的（　　）分之（　　）。

最早使用分数的国家是中国，比其他国家要早1000多年，并且用于社会生产和生活。例如，创作于春秋时期的《左传》中，就规定了诸侯的都城大小：最大不可超过周文王国都的三分之一，中等的不可超过五分之一，小的不可超过九分之一。秦始皇时代的历法规定：一年的天数为三百六十五又四分之一天。《九章算术》是中国1800多年前的一本数学专著，也是世界上最早系统叙述分数的著作。

分数的写法也经历了历史的变迁，古代分数的表示方法笨拙而复杂，以至于德国有句谚语形容一个人陷入绝境：掉到分数里去了。一直到12世纪，阿拉伯人发明了分数线，分数才变成今天这个样子。现代人看来很简单的分数，却是几千年来古今中外的学者历经艰辛创造的科学成果。可见，在攀登科学的高峰上，我们要不断回过头来学习、了解前人的辉煌成就，站在更高的起点看待现代科学。

❖ **探究任务二**

1.将1个饼平均分成8份，其中的2份是它的（　　），5份是它的（　　）。

2.比较上面两个分数的大小。

（　　　）>（　　　）

可以这样想：因为（　　　）是（　　　）个 $\frac{1}{8}$，（　　　）是（　　　）个 $\frac{1}{8}$，所以（　　　）>（　　　）。

还可以这样比较：把这两个分数分别在数轴上表示出来，再比较大小。

因为数轴上的数从左往右不断变大，（　　　）在右边，所以比较大。

总结：同分母分数比较大小，（　　　）大的分数比较大。

❖ **探究任务三**

中秋节，笑笑一家三口吃了整盒月饼的 $\frac{1}{2}$，猜猜他们吃了几个月饼？请你画一画，并说明理由。

我的学习体会

我的疑问

分数大小巧比较

阅读指导要点提示

❖ 学习目标

1. 理解"交叉相乘""找基准数"等比较分数大小的方法，能运用这些方法比较分数的大小。

2. 体验解决问题策略的多样化，开阔视野，发展数感和推理意识。

❖ 实施要点

1. 创设情境，激发学生的阅读兴趣。

2. 自主阅读。给学生充分的时间去独立阅读"阅读单"，把学生之间的差异作为重要的课程资源，注重"兵教兵"，尤其要关注后进生的学习困难，及时给予指导与帮助。

3. 全班交流。反馈、交流"探究任务"的完成情况，以及"我的学习体会"和"我的疑问"。教师释疑解惑。

❖ 知识链接

比较分数大小的常用方法

比较分数大小最基本的方法是"同分母法"和"同分子法"。除此之外，还有以下几种常用方法。

1. 化成小数法。

这种方法就是先把两个分数化成小数，再进行比较。

2. 找基准数法。

这种方法就是在要比较的两个分数之间，找一个中间的"基准数"，根据这两个分数和中间"基准数"的大小关系，比较两个分数的大小。

3. 差等法。

根据两个分数的特点，利用"若两个分数的分子与分母的差相等，则真分数的分子加分母的和较大的分数比较大，假分数的分子加分母的和较大的分数比较小"，比较两个分数的大小。

比如，比较 $\frac{2012}{2013}$ 和 $\frac{2014}{2015}$ 的大小。这两个真分数的分子与分母的差都是 1，因为 2012+2013<2014+2015，则 $\frac{2012}{2013} < \frac{2014}{2015}$。

4. 交叉相乘法。

根据"若第一个分数的分子乘以第二个分数的分母的积大于第一个分数的分母乘以第二个分数的分子的积，则第一个分数较大。否则，第一个分数较小"，比较两个分数的大小。

5. 化成整数法。

将两个分数同时乘以其中一个分数的分母，把其中一个分数化为整数，然后再进行比较。

比如，比较 $\frac{8}{15}$ 和 $\frac{13}{20}$ 的大小。先将两个分数同时乘 15，即 $\frac{8}{15} \times 15=8$，$\frac{13}{20} \times 15=9\frac{3}{4}$，因为 8<9，所以 $\frac{8}{15} < \frac{13}{20}$。

"分数大小巧比较"阅读单

可可："我的脑袋都快晕了，谁来帮帮我呀！"

"怎么了，有什么困难？我们一起来解决。"乐乐和欢欢一起跑过来。

可可："今天学习了分数的大小比较，两个分数有的分子相同、分母不相同，有的分母相同、分子不相同，有的分子、分母都不相同……这怎么比较两个分数的大小呢？"

欢欢："别着急！遇到这样的问题，我们首先要弄清楚，你要比较的两个分数属于哪一类情况。如果分母相同、分子不相同，你会比较吗？"

可可："两个分数的分母相同，要比较分子，分子大的分数就大。"比如，（　　　）〇（　　　）。（请你举一个例子，填空）

乐乐："那如果分子相同、分母不相同呢？"

可可："两个分数的分子相同，要比较分母，分母大的分数反而小。"比如，（　　　）〇（　　　）。（请你举一个例子，填空）

欢欢："说得很好呀！那如果分子、分母都不相同，怎么比较分数大小呢？"

可可："我就是感觉这种类型的问题有些难！"

欢欢："也不难！可以将分母变相同，也可以将分子变相同，不就变成你会的类型了吗？"

乐乐："欢欢说得对！至于选择是将分母变相同，还是将分子变相同，要根据题目的特点来确定。除了这两个基本方法，其实还有'交叉相乘法'。

"'交叉相乘'就是让一个分数的分子去乘另一个分数的分母，然后比较两个乘积的大小，乘积大的数对应的分数就大。

"比如，$\frac{3}{7}$ 和 $\frac{5}{11}$ 比较大小。

"分子和分母交叉相乘（如下图），分子分别是：$3 \times 11 = 33$，$7 \times 5 = 35$，此时两个分数的分母都是 $7 \times 11 = 77$，分母相同，比较分子，因为 $33 < 35$，所以 $\frac{3}{7} < \frac{5}{11}$。因为交叉相乘后两个分数的分母变得相同，所以只需要比较分子就可以了。"

用交叉相乘法比较下面三组分数的大小。

1. $\dfrac{2}{7}$ 和 $\dfrac{1}{6}$ 　　　2. $\dfrac{5}{8}$ 和 $\dfrac{4}{7}$ 　　　3. $\dfrac{7}{8}$ 和 $\dfrac{9}{10}$

可可："交叉相乘确实是个好方法！但是，如果分子和分母都比较大，计算起来会很麻烦，遇到这种情况，有没有比较大小的巧方法呢？"

乐乐："你提了一个很好的问题！任何方法都有局限性，遇到分子、分母都比较大的数时，咱们得另想办法，我再介绍一种'找基准数法'。

"比如，$\dfrac{19}{18}$ 和 $\dfrac{24}{23}$ 比较大小。如果通分，让分母相同，数字太大！如果让分子相同，数字也太大！交叉相乘，数字还是太大！此时可以用'找基准数法'。

"观察这两个分数，发现 $\dfrac{19}{18}$ 和 $\dfrac{24}{23}$ 都接近1，$\dfrac{19}{18}$ 比1多 $\dfrac{1}{18}$，$\dfrac{24}{23}$ 比1多 $\dfrac{1}{23}$，可以把它们都化成带分数，因为它们的整数部分都是1，所以只比较真分数部分就可以了。因为 $\dfrac{1}{(\quad)} > \dfrac{1}{(\quad)}$ ，所以 (　　) > (　　)。"

"真是一个好方法！"可可和欢欢不由自主地鼓起掌来。

欢欢："这两个数都是比1大一些的数，基准数就是1。如果要比较的数都比1小，比如 $\dfrac{18}{19}$ 和 $\dfrac{23}{24}$，怎么比较呢？"

乐乐："可以把它们看成（$1-\dfrac{1}{19}$）和（$1-\dfrac{1}{24}$），因为 $\dfrac{1}{(\quad)} > \dfrac{1}{(\quad)}$ ，减去的越多，剩下的越少；减去的越少，剩下的越多，所以 (　　) < (　　)。"

可可："是不是可以这样说，当两个数都和某个数接近时，就把这个数看作'基准数'，可以先和'基准数'做减法，再进行比较？"

乐乐："是的，就是这样去思考！"

❖ **探究任务二**

比较下面两组分数的大小。

1. $\dfrac{12}{13}$ 和 $\dfrac{21}{22}$ 2. $\dfrac{2021}{2020}$ 和 $\dfrac{2022}{2021}$

我的学习体会

我的疑问

找最大公因数的“秘密武器”

阅读指导要点提示

❖ **学习目标**

1. 理解并掌握用短除法求两个数的最大公因数和最小公倍数的方法，体会解决问题策略的多样性。

2. 经历探究最大公因数和最小公倍数之间的关系的过程，发展数感和推理意识。

❖ **实施要点**

1. 创设情境，激发学生的阅读兴趣。

2. 自主阅读。给学生充分的时间去独立阅读“阅读单”，把学生之间的差异作为重要的课程资源，注重“兵教兵”，尤其要关注后进生的学习困难，给予及时的指导与帮助。

3. 全班交流。反馈、交流“探究任务”的完成情况，以及“我的学习体会”和“我的疑问”。教师释疑解惑。

❖ **知识链接**

短除法

短除法是求最大公因数的一种方法，也可用来求最小公倍数。

短除符号就是除号倒过来变成“└”的样子。短除就是在除法中写除数的地方写两个数共有的质因数，在除法中写被除数的地方写要求的两个数，然后两个数被公有质因数整除的商写在相应的下面，之后再除，以此类推，直到除得的两个商互质为止。

最大公因数和最小公倍数的关系

1. 两数乘积＝两数的最大公因数 × 两数的最小公倍数，即 $A \cdot B =（A，B）\cdot [A，B]$。

例如，两个数 21 和 28，

$21=3 \times 7$，

$28=2 \times 2 \times 7$，

21 和 28 的最大公因数是 7，

21 和 28 的最小公倍数是 $2 \times 2 \times 3 \times 7=84$，

可知，$7 \times 84 = 21 \times 28$。

2. 两个数的最小公倍数是最大公因数的倍数。

例如，两个数 20 和 30，

$[20，30]=60$，

$（20，30）=10$，

可见，60 是 10 的倍数。

"找最大公因数的'秘密武器'"阅读单

（一）

数学课下课后，乐乐愁眉苦脸地嘟囔着："这两天学习最大公因数和最小公倍数，我觉得好麻烦呀！找半天才能找出来，黄花菜都凉了。"

"其实，求最大公因数我有秘密武器哦！"欢欢探过头来神秘地说道。

乐乐听后赶忙问道："什么秘密武器？快来分享一下。"

欢欢说："用短除法求最大公因数和最小公倍数超简单。"

"你快给我讲讲吧！"乐乐央求道。

"好吧，以求 12 和 18 的最大公因数为例给你讲讲。先把 12 和 18 并排写，画上'短除号'；然后将 12 和 18 的公因数 2 作除数去除这两个数，得到的商是 6 和 9，分别写在 12 和 18 的下面；再用 6 和 9 的公因数 3 去除 6 和 9，得到的商是 2 和 3，接着写在 6 和 9 的下面。这时的两个商 2 和 3 只有公因数 1，再除以 1 结果还是 2 和 3，没有意义，所以就不往下除了。然后把所有的除数 2 和 3 相乘，2×3=6，6 就是 12 和 18 的最大公因数。把所有的除数 2 和 3 以及最后的两个商 2 和 3 都乘起来，2×3×2×3=36，36 就是它们的最小公倍数。"欢欢一边说，一边列式：

$$
\begin{array}{r|rr}
2 & 12 & 18 \\
3 & 6 & 9 \\
& 2 & 3
\end{array}
$$

12 和 18 的最大公因数是 2×3=6。

12 和 18 的最小公倍数是 2×3×2×3=36。

"哎，等等！"乐乐说道，"12 和 18 都有因数 6，可以直接用 6 去除吗？"乐乐也列出式子：

$$
\begin{array}{r|rr}
6 & 12 & 18 \\
& 2 & 3
\end{array}
$$

12 和 18 的最大公因数是 6。

12 和 18 的最小公倍数是 （   ）×（   ）×（   ）=（   ）。

"这样当然也可以，而且直接用 6 去除，计算步骤更少，只不过最大公因数可能不容易被发现。"欢欢说。

❖ **探究任务一**

求 12 和 16 的最大公因数和最小公倍数。

$$
\begin{array}{r|rr}
（\ ） & 12 & 16 \\
（\ ） & 6 & 8 \\
& （\ ） & （\ ）
\end{array}
$$

12 和 16 的最大公因数是 （   ）=（   ）。

12 和 16 的最小公倍数是（　　　）=（　　　）。

（二）

乐乐和欢欢把"短除法"这个秘密武器告诉了可可，可可说："'短除法'确实是个好方法，我在学习过程中也有一个重要的发现。""什么发现？快说来听听！"乐乐和欢欢迫不及待地说。

可可说："咱们先求出几组数的最大公因数和最小公倍数，再把每组中的两个数相乘，看看你俩能不能发现什么规律？"

同学们，我们跟着乐乐和欢欢一起来探究一下两个数的积与它们的最大公因数、最小公倍数之间有什么关系吧。

❖ **探究任务二**

1.3 和 2 的最大公因数是（　　　），最小公倍数是（　　　），3 和 2 的积是（　　　）。

2.6 和 8 的最大公因数是（　　　），最小公倍数是（　　　），6 和 8 的积是（　　　）。

3.6 和 9 的最大公因数是（　　　），最小公倍数是（　　　），6 和 9 的积是（　　　）。

我发现：两个数的积 =（　　　）×（　　　）。

乐乐说："可可你真棒，这确实是一个重要发现！"

欢欢说："哎，根据这个发现，我突然想到了一种新的找最小公倍数的方法。你们看，可以先找出两个数的最大公因数，再用两个数的积除以最大公因数，就能求出最小公倍数。比如，求 6 和 9 的最小公倍数，先找出 6 和 9 的最大公因数是 3，用 $6 \times 9 \div 3 = 54 \div 3 = 18$，18 就是它们的最小公倍数。"

"欢欢，你真爱动脑筋，这也是一个秘密武器呀！"可可和乐乐齐声称赞。

用你喜欢的方式，求出下面三组数的最小公倍数。

1.10 和 12   2.18 和 30   3.6 和 10

我的学习体会

我的疑问

有趣的埃及分数

阅读指导要点提示

❖ 学习目标

1. 了解埃及分数，理解并掌握把一个真分数表示成几个不同单位分数之和的方法，发展数感和运算能力。

2. 开阔视野，增长见识，增强学习数学的兴趣。

❖ 实施要点

1. 情境激趣。介绍古老的"分马"传说，激发学生的阅读兴趣。

2. 自主阅读。给学生充分的时间去独立阅读"阅读单"，把学生之间的差异作为重要的课程资源，注重"兵教兵"，尤其要关注后进生的学习困难，及时给予指导与帮助。

3. 全班交流。反馈、交流"探究任务"的解答方法与答案，以及"我的学习体会"和"我的疑问"。教师适时进行点拨与引导。

❖ 知识链接

埃及分数

分子是 1 的分数，叫单位分数。由于古埃及人在进行分数运算时只使用这种分子是 1 的分数，因此，单位分数也叫作埃及分数，或单分子分数。将一个分子为 1 的真分数分解为两个或两个以上分子为 1 的真分数之和，叫作埃及分数的分解。

怎样把一个单位分数表示成几个不同单位分数之和呢?

方法一:用公式 $\dfrac{1}{n}=\dfrac{1}{n+1}+\dfrac{1}{n(n+1)}$。

比如,把 $\dfrac{1}{5}$ 表示成两个不同单位分数的和:

$$\dfrac{1}{5}=\dfrac{1}{5+1}+\dfrac{1}{5(5+1)}=\dfrac{1}{6}+\dfrac{1}{30}$$

方法二:取 n 的两个因数 a、b,$\dfrac{1}{n}$ 的分子、分母都乘($a+b$),即 $\dfrac{1}{n}=\dfrac{1\times(a+b)}{n\times(a+b)}$。将 $\dfrac{1\times(a+b)}{n\times(a+b)}$ 改写成两个分数的和,即 $\dfrac{1}{n}=\dfrac{1\times(a+b)}{n\times(a+b)}=\dfrac{a}{n\times(a+b)}+\dfrac{b}{n\times(a+b)}$。因为 a、b 是 n 的因数,所以分子上的数可以和分母上的 n 约分,分子变成1。

比如,$\dfrac{11}{12}$,分母12的因数有1、2、3、4、6、12。取12的三个因数2、3、6(保证三个因数的和是分子的倍数),给 $\dfrac{11}{12}$ 的分子、分母都乘以(2+3+6),即:

$$\dfrac{11}{12}=\dfrac{11\times(2+3+6)}{12\times(2+3+6)}$$

$$=\dfrac{11\times2}{12\times(2+3+6)}+\dfrac{11\times3}{12\times(2+3+6)}+\dfrac{11\times6}{12\times(2+3+6)}$$

$$=\dfrac{2}{12}+\dfrac{3}{12}+\dfrac{6}{12}$$

$$=\dfrac{1}{6}+\dfrac{1}{4}+\dfrac{1}{2}$$

"有趣的埃及分数"阅读单

(一)

在一个古老的传说里,一位老人弥留之际,将家中11匹马分给三个儿子，老大 $\frac{1}{2}$，老二 $\frac{1}{4}$，老三 $\frac{1}{6}$。问题是，$\frac{1}{2}$ 是 5.5 匹马，但马没有半匹之说，也不能将马杀了。正在无奈之际，邻居把自己家的马牵来，此时一共有 12 匹马。老大 $\frac{1}{2}$，牵走了 6 匹；老二 $\frac{1}{4}$，牵走了 3 匹；老三 $\frac{1}{6}$，牵走了 2 匹。一共 11 匹，分完后，邻居把自己的马牵了回去。

这个古老的传说实际上提出了这样一个数学问题：如何把真分数表示成三个单位分数之和，即 $\frac{11}{12} = \frac{1}{2} + \frac{1}{4} + \frac{1}{6}$。

埃及是世界上著名的文明古国之一。古埃及人约于公元前 17 世纪就已经开始使用分数了。

古代埃及人处理分数的方法与众不同，他们只使用分子是 1 的分数。根据我们现今所使用的分数，当有 2 个物品要平均分给 3 个人的时候，每个人可以取得 2 个 $\frac{1}{3}$，可以表示成 $\frac{2}{3} = \frac{1}{3} + \frac{1}{3}$。那么，古埃及人是怎么计算的呢？他们的方法是：首先，把 2 个物品分成 4 个 $\frac{1}{2}$，先给每个人 1 个 $\frac{1}{2}$，剩下的 1 个 $\frac{1}{2}$ 再分成三等分，均分结果是每人分到 $\frac{1}{2}$ 加 $\frac{1}{2}$ 的 $\frac{1}{3}$，也就是 $\frac{1}{2} + \frac{1}{6} = \frac{2}{3}$。

所以，直到现在，有些资料还将分子为 1 的分数称为埃及分数。

❖ **探究任务一**

例：$\frac{3}{4} = \frac{1+2}{4} = \frac{1}{4} + \frac{2}{4} = \frac{1}{4} + \frac{1}{2}$

$\frac{2}{3} = \frac{4}{6} = \frac{1+3}{6} = \frac{1}{6} + \frac{3}{6} = \frac{1}{6} + \frac{1}{2}$

1. 仿照上例分别把分数 $\frac{5}{8}$ 和 $\frac{3}{5}$ 拆分成两个不同的单位分数之和。

$\frac{5}{8} =$

$\frac{3}{5} =$

2. 在上例中，$\frac{3}{4} = \frac{1}{4} + \frac{1}{2}$，又因为 $\frac{1}{2} = \frac{1+2}{6} = \frac{1}{6} + \frac{2}{6} = \frac{1}{6} + \frac{1}{3}$，所以 $\frac{3}{4} = \frac{1}{4} + \frac{1}{6} + \frac{1}{3}$，即 $\frac{3}{4}$ 可以写成三个不同的单位分数之和。按照这样的思路，它也可以写成四个，甚至五个不同的单位分数之和。根据这样的思路，探索分数 $\frac{5}{8}$ 能写出哪些两个以上的不同单位分数的和。

$$\frac{5}{8} = $$

$$\frac{5}{8} = $$

（二）

埃及分数在生活中也有很多应用，比如，把 7 个馅饼平均分给 8 个人，每个人得到多少馅饼？你能想出几种分法？

答案是每个人得到（　　　）个馅饼。

第一种分法：把每个饼平均分成 8 份，然后在每个饼上各取一份给一个人，共分给 8 个人。

第二种分法：把 7 个饼摞起来，平均分成 8 份，取其中一份分给一个人，共分给 8 个人。

其实，应用埃及分数还有第三种分法：$\frac{7}{8} = \frac{1}{2} + \frac{1}{4} + \frac{1}{8}$。把 4 个馅饼每个切成 2 份，2 个馅饼每个切成 4 份，最后一个馅饼切成 8 份。每人取大、中、小馅饼各一份，就是 $\frac{1}{2} + \frac{1}{4} + \frac{1}{8}$，即 $\frac{7}{8}$。

古埃及人在分配食物和土地时一般会使用这种方法。

❖ 探究任务二

1. 如果将 5 个馅饼平均分给 7 个人，每人分多少？古埃及人会怎么做？

2.埃及分数在计算中也有很多规律。

（1）请观察下面几组算式并填空。

$1 - \dfrac{1}{2} = \dfrac{1}{2}$ $\dfrac{1}{2} - \dfrac{1}{3} = \dfrac{(\quad)}{(\quad)}$ $\dfrac{1}{3} - \dfrac{1}{4} = \dfrac{(\quad)}{(\quad)}$ $\dfrac{1}{4} - \dfrac{1}{5} = \dfrac{(\quad)}{(\quad)}$

（2）你发现了什么规律?

（3）用你发现的规律计算下面的题。

$\dfrac{1}{2} + \dfrac{1}{6} + \dfrac{1}{12} =$

$\dfrac{1}{2} + \dfrac{1}{6} + \dfrac{1}{12} + \dfrac{1}{20} =$

我的学习体会

我的疑问

"骗人"的平均数

阅读指导要点提示

❖ 学习目标

1. 在具体情境中，体会平均数容易受到极端数据的影响，具有敏感性。

2. 结合具体情境，体会平均数、中位数、众数三者的差别，能初步选择适当的数据代表来表示这组数据的一般水平，并做出恰当的判断，初步形成用辩证的眼光看待事物和问题。

3. 体会数学与生活的密切联系，开阔视野，增长见识。

❖ 实施要点

1. 创设情境，激发学生的阅读兴趣。

2. 自主阅读。给学生充分的时间去独立阅读"阅读单"，把学生之间的差异作为重要的课程资源，注重"兵教兵"，尤其要关注后进生的学习困难，及时给予指导与帮助。

3. 全班交流。反馈、交流"探究任务"的解答方法与答案，以及"我的学习体会"和"我的疑问"。教师适时进行点拨与引导。

❖ 知识链接

平均数、中位数和众数

平均数、中位数和众数都是描述一组数据集中趋势的统计量。

由于平均数需要全组所有数据来计算，所以容易受数据中极端数值的影响。

如果一组数据是奇数个，将这组数据从小到大排列后，排在中间的数就是中位数。如果一组数据是偶数个，此时中位数为中间两数的平均数。由于中位数仅需把数据按顺序排列后即可确定，不易受数据中极端数值的影响。

众数的"众"字有"多"的意思，顾名思义，一组数据中出现最多的数称为众数。

众数是通过计数得到的，所以不易受数据中极端数值的影响。众数可能是一个或多个，也可能没有。

一组数据中如果有特别大的数或特别小的数时，一般用中位数。一组数据比较多，范围比较集中，一般用众数。其余情况一般用平均数比较精确。

"'骗人'的平均数"阅读单

平均数是常见的统计量。有同学可能会问，学习平均数有什么用呢？我们来看下面的例子。

大家都知道我国提倡节约用水，其实，我国的淡水资源总量约为28000亿立方米，仅次于巴西、俄罗斯和加拿大，居世界第四位。看到这里，你是否感到很欣喜？可是，我国人均水资源只有约2300立方米，在世界上排第121位，是全球人均水资源贫乏的国家之一。怎么样，你还为我国的淡水资源总量排在第四位感到欣喜吗？是的，看总量，我们排在前列，但是计算平均数之后，大家就会发现我国水资源实际很贫乏。所以，平均数告诉我们要客观、全面地看问题，节约用水迫在眉睫。

❖ **探究任务一**

某学校五年级各班进行了一场精彩的戏剧表演比赛，下表是成绩统计结果。

班　级	评委1	评委2	评委3	评委4	评委5	平均分
1班	87	85	86	90	88	
2班	86	84	85	84	100	
3班	89	86	87	70	89	

1.请你计算各班的平均分，填在表中。

2.根据平均分，各班的排名情况应该是：第一名是（　　　）班，第二名是（　　　）班，第三名是（　　　）班。

但是，裁判却给出了不一样的结果，原来应是第三名的得分最高。怎么回事，难道我们算错了吗？

其实，并不是我们计算错了，而是评分规则不同。从上表不难发现，评委4给3班打分较低，评委5给2班打分较高，如果把所有评委的分都算上，三个班的平均分就会受到极端数据的影响，难以反映各班的实际水平，所以按照评分规则，在求各班的平均分时，需要去掉一个最高分和一个最低分。

3.请你再次计算去掉一个最低分和一个最高分后各班的平均分，给各班重新排名次。

综上，我们发现平均数很敏感，如果其中一个数发生了变化，平均数就会随之变化。

❖ **探究任务二**

小王看到森林超市的招聘启事上写着超市员工的月平均工资是5000元，就去应聘了。可是到了月底，小王却只拿到2000元工资，于是就投诉到劳动仲裁部门。

劳动仲裁部门让超市经理提供了超市员工的工资单（如下表）。

职　务	经理	副经理	收银员甲	收银员乙	进货员丙	进货员丁	进货员小王
工资（元）	15000	8000	3000	3000	2000	2000	2000

1.请你计算出这个超市员工的平均工资是多少元?

2.招聘启事上写的数字没有错呀! 那为什么大部分人的工资都在5000元以下呢?

仲裁员对小王说:"看来,平均数不能很好地代表超市员工的工资水平。如果将所有数据都算进来,'中位数'更能反映员工的工资水平。把超市7个人的工资从小到大排列后,排在中间位置(第4个)的数叫作中位数。'中位数'3000元更能代表超市员工的工资水平。"

此时,超市经理也对劳动仲裁部门诉起了苦:"上个月,我让小王进了200双女鞋,从35码到39码,200÷5=40(双),所以每个鞋码各进了40双,结果有很多鞋都卖不出去。"说着,他出示了上个月的卖鞋数量统计表。

鞋 码	35	36	37	38	39
卖出鞋数(双)	16	43	65	39	13

仲裁员对小王说:"你是按'平均数'进的货,所以有一些大码或小码的鞋卖不出去。其实,从统计表可以看出,买37码鞋的人最多,所以,不能按'平均数'来进货,应该按'众数'来进货。'众数'就是这组数据中出现次数最多的那个数,也就是买哪个码的人多,就要多进哪个码的鞋。"小王听后,豁然开朗。

原来平均数的计算需要用到所有的数据,因此它很容易受特别大的数(如上述故事中经理和副经理的工资)或者特别小的数的影响。比如,若只看平均数,就可能发生这样的笑话:张家有1000万元,有9个穷亲戚,平均算一算,个个都是"张百万"。因此,在上面故事中,中位数更能反映这个超市员工的工资水平。而在进货问题中,我们最关心的是哪种尺码的鞋买的人最多。从上表的信息可知,鞋码的众数是( ),下次要按这个众数来进货才能避免鞋子卖不出去的现象。

我的学习体会

我的疑问

怎样包装最省材料

阅读指导要点提示

❖ 学习目标

1.结合阅读情境，探索多个相同长方体叠放后使其表面积最小的最优策略，体验策略的多样化，从中感悟优化的数学思想。

2.通过阅读、观察、想象、动手操作、计算等活动，积累活动经验，发展空间观念。

❖ 实施要点

1.创设情境，激发学生的阅读兴趣。

2.自主阅读。给学生充分的时间去独立阅读"阅读单"，把学生之间的差异作为重要的课程资源，注重"兵教兵"，尤其要关注后进生的学习困难，及时给予指导与帮助。

3.全班交流。反馈、交流"探究任务"的解答方法与答案，以及"我的学习体会"和"我的疑问"。教师适时进行点拨与引导。

❖ 知识链接

长方体的表面积

计算长方体的表面积时，因为相对的两个面的面积相等，所以先算上下两个面，再算前后两个面，最后算左右两个面。

其计算公式：长方体的表面积＝长×宽×2+宽×高×2+长×高×2或长方体的表面积＝（长×宽+宽×高+长×高）×2。

设一个长方体的长、宽、高分别为 a、b、c，则它的表面积为 $S=2ab+2bc+2ca=2(ab+bc+ca)$。

如果是特殊的长方体，即长方体的四个面是长方形，两个面是正方形，则它的表面积＝长×宽×4+宽×高×2。

"怎样包装最省材料"阅读单

新年快到了，妈妈和笑笑准备给在外地工作的爸爸买两盒巧克力寄过去。她们特意买来漂亮的包装纸，打算把两盒巧克力包装一下。

每个盒子的长是 20 厘米，宽是 10 厘米，高是 3 厘米（见右图）。可是在包装这两盒巧克力时，遇到了一个难题：包装这两盒巧克力，有三种不同的方法，如下图所示。

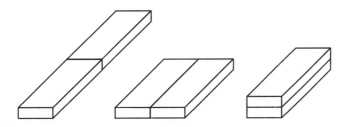

❖ **探究任务一**

上述哪种包装更节省包装纸呢？请通过计算来说明。

"好奇怪！同样是这两盒巧克力，为什么不同的包装方法所用的包装纸的面积却不一样呢？"笑笑一时也想不明白这个问题。

过了一会儿，笑笑兴奋地跳起来说："我明白啦！你们看，第三种方法在包装时把盒子上最大的两个面重合起来了，这两个面不需要再包装，所以用的包装纸的面积就小了。用第一种方法包装把最小的两个面重合在一起，所以用的包装纸面积就大。"

妈妈赞许地点了点头。

此时，笑笑的脑子里又产生了一个新的疑问："那如果我们要寄四盒这样的巧克力，也是用第三种方法包装最节省包装纸吗？"

这真是一个有趣的问题！我们一起来思考一下吧。四盒巧克力的包装方法更多了（如下图）。

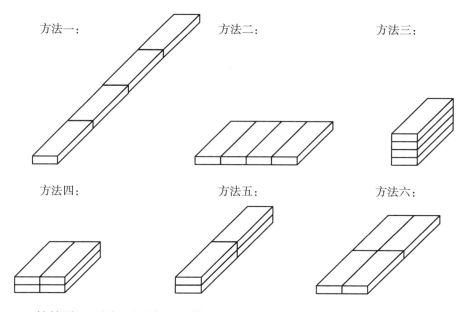

笑笑说："我们刚刚有了包装两盒巧克力的经验，我发现，要节约用纸，就必须让重合的面积尽可能大，也就是尽量让大面重合。"

"嗯，是的，所以，方法一、方法二和方法五可以直接排除了，它们重合的都是小面或者中面。"妈妈轻轻地说。

剩下的三种方法中哪种包装方法更节省包装纸呢？请通过计算来说明。

笑笑想了想，说："我发现重合的面积越大，就越节省包装纸。所以没有必要逐一计算每种包装的表面积，我们可以直接比较重合面的面积就可以了。我仔细观察了剩下的三种方法，发现方法三重合的是 6 个大面，方法四重合的是 4 个大面和 4 个中面，方法六重合的是 4 个大面和 4 个小面，所以，方法六就可以排除了。我们只需要比较方法三和方法四就可以了。"

❖ 探究任务三

方法三重合部分的面积是：

方法四重合部分的面积是：

因为（　　　）>（　　　），所以方法（　　　）最节省材料。

我的学习体会

我的疑问

阿基米德巧破王冠案

阅读指导要点提示

❖ 学习目标

1. 理解并掌握求不规则物体的体积的方法，体会转化思想，能够运用所学知识解决简单的实际问题，发展应用意识和创新意识。

2. 了解阿基米德的故事，体会解决问题的方法是可以迁移类推的，增长见识。

❖ 实施要点

1. 情境激趣。介绍阿基米德的故事，激发学生的阅读兴趣。

2. 自主阅读。给学生充分的时间去独立阅读"阅读单"，把学生之间的差异作为重要的课程资源，注重"兵教兵"，尤其要关注后进生的学习困难，及时给予指导与帮助。

3. 全班交流。反馈、交流"探究任务"的解答方法与答案，以及"我的学习体会"和"我的疑问"。教师适时进行点拨与引导。

❖ 知识链接

阿基米德

阿基米德（公元前 287—前 212 年），伟大的古希腊哲学家、数学家、物理学家，享有"力学之父"的美称。阿基米德和高斯、牛顿并列为世界三大数学家。阿基米德有一句很著名的话："给我一个支点，我就能撬动地球。"

阿基米德出生于西西里岛的叙拉古。他从小就善于思考，喜欢辩论。早年游历过古埃及，曾在亚历山大城学习。他一生献身科学，忠于祖国，受到人们的尊敬和赞扬。

阿基米德原理

阿基米德原理也叫浮力定律。该原理可简述为浸在液体中的物体受到向上的浮力，浮力的大小等于它排开的液体所受重力，即：$F=G$，式中，F 为物体所受的浮力，G 为物体排开液体所受的重力。

该式变形可得 $F=G=\rho gV$，式中，ρ 为被排开液体的密度，g 为当地重力加速度，V 为排开液体的体积。

巧算灯泡的容积

爱迪生曾经和普林斯顿大学数学系的阿普顿在一起工作。一天，爱迪生把一个玻璃灯泡交给阿普顿，请他算一算灯泡的容积是多少。

阿普顿拿着玻璃灯泡用尺子上上下下量了又量，还依照灯泡的样子画出了一张草图，列出了一道道算式。他算得非常认真，因为他怕算得不对在爱迪生面前丢脸。

过了一个多小时，爱迪生问他算好了没有。他边擦汗边说："还没有，快了，已经算了一半了。"

爱迪生扭头一看，几张 16 开的白纸上密密麻麻地列满了算式，他忍不住笑了笑说："不用那么费事，还是换其他方法算吧。"他拿起玻璃灯泡，在玻璃灯泡中装满了水然后交给阿普顿，说："去把这些水倒到量杯里，看看它的体积是多少，那就是玻璃灯泡的容积。"

阿普顿这才恍然大悟，爱迪生的方法既简单又实用。

这个故事告诉我们：要善于用数学中的转化思想，化繁为简。在解决实际问题的过程中，灵活运用学到的知识去解决复杂的问题。

"阿基米德巧破王冠案"阅读单

　　叙古拉国王希伦二世交给金匠一块黄金，让他做一顶王冠。王冠做成后，国王拿在手里觉得有点轻。他叫来金匠问是否掺了假，金匠以脑袋担保说没有，并当面拿秤来称，结果与原来的金块一样重。国王还是有些怀疑，但他又拿不出证据，于是把阿基米德找来，要他来解决这个难题。

　　解决这个问题需要测量出王冠的体积，这可是个难题。阿基米德回家后苦想冥思了好几天，但是一直没有想出好办法。一天，他去澡堂里洗澡的时候发现，当他的身体浸入盛满水的浴盆时，浴盆里的水一下溢了出来，而自己的身体顿觉重量减轻。阿基米德突然眼前一亮，心里豁然开朗。他悟到不同材质的物体在重量相等的情况下，因其体积不同，放入水中时排出的水必定不相等。根据这个道理，不仅可以决断王冠是否掺有杂质，而且可以知道少了多少金子。他非常兴奋地从浴盆里跳出去，赤身裸体地奔跑回家中，边跑边欢呼："尤里卡！尤里卡！"（希腊语，意思是"我找到了！"）

　　阿基米德经过进一步的实验以后，满怀信心地来到王宫，在国王面前将与王冠一样重的一块金子、一块银子和王冠分别放在水盆里，只见白银溢出的水比黄金溢出的几乎要多一倍，而王冠溢出的水比金块多。阿基米德自信地对国王说："王冠里掺了银子！"国王没弄明白，让阿基米德解释一下。阿基米德说："相同质量的相同物质泡在水里，溢出的水的体积应该相同。如果把纯金打造的王冠放到水里，溢出的水的体积应该与相同质量的金块的体积相同。可是，现在同样重量的王冠和金块泡进水盆里，溢出的水不一样多，显然王冠的质量不等于金块的质量，王冠里肯定掺了假。"国王信服了。在铁的事实面前，金匠不得不承认，他在王冠里确实掺了白银。

　　这次实验的意义远远大于查出金匠欺骗国王。阿基米德从中发现了物理学上著名的阿基米德原理（也叫浮力定律）：物体在液体中所获得的浮力，等于它所排出液体的重量（即现在广为人知的"排水法"）。

"排水法"也是求不规则物体（如土豆、西瓜、石块等）体积的一种好方法。比如，把一个梨沉入装有 200 毫升水的量杯中（如下图），因为梨会挤占水的空间，水面就会上升，所以，梨的体积＝（　　　　）的体积。从下图可知，水和梨的体积是 450 毫升，则上升部分水的体积是（　　　　）毫升，也就知道了梨的体积就是（　　　　）平方厘米。

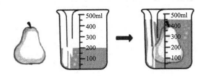

下面我们就来当一回"阿基米德"，计算一些不规则物体的体积吧。

❖ **探究任务**

1. 在一个从里面量长 60 厘米、宽 40 厘米、深 50 厘米的水箱里放入一个西瓜，把它完全浸没在水里面，水面上升了 4 厘米，上升部分的水可看作一个小长方体，它的体积就是西瓜的体积。算一算，这个西瓜的体积是多少立方分米？

2. 将两个西红柿浸没在装有 250 毫升水的量杯后，水位上升至 600 毫升，平均每个西红柿的体积是多少？

3. 一个水池从里面量，长是 5 分米，宽和高都是 3 分米。原来水面离池口 1 分米，放入一堆土豆后，水面离池口 4 厘米。这堆土豆的体积是多少立方分米？

放入一堆土豆 →

我的学习体会

我的疑问

神奇的杨辉三角

阅读指导要点提示

❖ 学习目标

1. 通过阅读、探究的计算，巩固分数加减法的知识，发展计算能力和推理意识。

2. 了解有关"杨辉三角形"的背景知识，开阔视野，学习古代数学家的研究精神和毅力，增强学习数学的兴趣和信心。

❖ 实施要点

1. 创设情境，激发学生的阅读兴趣。

2. 自主阅读。给学生充分的时间去独立阅读"阅读单"，把学生之间的差异作为重要的课程资源，注重"兵教兵"，尤其要关注后进生的学习困难，及时给予指导与帮助。

3. 全班交流。反馈、交流"探究任务"的解答方法与答案，以及"我的学习体会"和"我的疑问"。教师适时进行点拨与引导。

❖ 知识链接

杨辉三角

杨辉（生卒年不详），字谦光，南宋时期杭州人。他在 1261 年所著的《详解九章算法》一书中，辑录了如下所示的三角形数表，称之为"开方作法本源图",并说明此表引自 11 世纪中叶（约 1050 年）贾宪的《释锁算术》。故杨辉三角又被称为"贾宪三角"。

```
                    1                    n=1
                 1     1                 n=2
              1     2     1              n=3
           1     3     3     1           n=4
        1     4     6     4     1        n=5
     1     5    10    10     5     1     n=6
```

杨辉三角中的每个数字等于上一行的左右两个数字之和。可用此性质写出整个杨辉三角。

在欧洲，这个表被叫作帕斯卡三角形。帕斯卡在 1654 年发现这一规律，比杨辉要晚 393 年，比贾宪晚 600 年。21 世纪以来，国外也逐渐承认这项成果属于中国，所以有些书上称这是"中国三角形"。

杨辉三角是中国古代数学的杰出研究成果之一，是二项式系数在三角形中的一种几何排列。它把二项式系数图形化，把组合数内在的一些代数性质直观地在图形中体现出来，是一种离散型的数与形的结合。

"神奇的杨辉三角"阅读单

我国宋代数学家杨辉在 1261 年撰写了《详解九章算法》，书中辑录了一个由数字构成的三角形表，我们把它称为"杨辉三角"（如下图）。

```
                    1
                 1     1
              1     2     1
           1     3     3     1
        1     4     6     4     1
     1     5    10    10     5     1
  ( ) ( ) ( ) ( ) ( ) ( ) ( )
1   ( ) ( ) ( ) ( ) ( ) ( ) ( )
```

1. 你能发现上面的数字三角形表中各数之间的关系吗？写一写你的发现吧。

2. 你能按照发现的规律把这个三角形表填写完整吗？填一填。

1. 想一想，在○里填上合适的数。

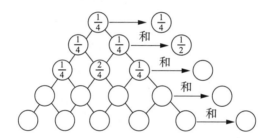

2. 你有什么发现？

我发现：

3. 填一填，想一想，如果从 $\frac{1}{8}$ 开始会怎样？你又有什么发现？

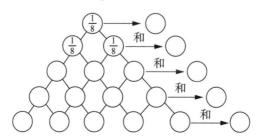

我发现：

我的学习体会

我的疑问

六 年 级

古人的分数除法

阅读指导要点提示

❖ 学习目标

1. 理解中国古代分数除法的计算方法，能够根据这种方法进行分数除法运算。

2. 感受数学好玩，体会中国古代数学家的智慧，增强民族自豪感。

❖ 实施要点

1. 问题激趣。介绍《九章算术》中关于分数除法的算法，激发学生探究古人进行分数除法运算方法的兴趣。

2. 自主阅读。给学生充分的时间去独立阅读"阅读单"，把学生之间的差异作为重要的课程资源，注重"兵教兵"，尤其要关注后进生的学习困难，及时给予指导与帮助。

3. 全班交流。反馈、交流"探究任务"的解答方法与答案，以及"我的学习体会"和"我的疑问"。教师释疑解惑。

❖ 知识链接

数学家刘徽

刘徽（225—295 年），淄乡（今山东滨州邹平）人。我国魏晋时期伟大的数学家，中国古典数学理论的奠基人之一，在中国数学史上做出了极大的贡献。

他的著作《九章算术注》和《海岛算经》，是中国最宝贵的数学遗产。

刘徽在数学的众多方面都有创造性贡献：他是中国最早明确主张用逻辑推理的方式来论证数学命题的人；他是世界上最早提出十进小数概念的人；他正确地提出了正负数的概念及其加减运算的法则；他提出了"割圆术"，即将圆周用内接或外切正多边形穷竭的一种求圆面积和圆周长的方法。他用"割圆术"，从直径为 2 尺的圆内接正六边形开始割圆，依次得正 12 边形、正 24 边形……割得越细，正多边形面积和圆面积之差越小，用他的原话说是："割之弥细，所失弥少，割之又割，以至于不可割，则与圆周合体而无所失矣。"他利用"割圆术"科学地求出了圆周率 $\pi \approx 3.1416$ 的结果。刘徽提出的计算圆周率的科学方法，奠定了此后千余年来中国圆周率计算在世界上的领先地位。刘徽的一生是为数学刻苦探求的一生，他给我们中华民族留下了宝贵的财富。

《九章算术》中的四则运算

根据现有的材料，我国古代数学书《九章算术》里面，已有完整的分数四则运算的法则，这在全世界来说也是最早的。

《九章算术》把分数加法叫作"合分"，法则是"母互乘子，并以为实。母相乘为法。实如法而一。"即 $\dfrac{b}{a} + \dfrac{d}{c} = \dfrac{bc+ad}{ac}$。这里的"实"是被除数，也就是分子，"法"是除数，也就是分母；"实如法而一"是被除数依除数均分为几份而取它的一份。如果同分母分数相加，则有法则"其母同者，直相从之"，即 $\dfrac{b}{a} + \dfrac{c}{a} = \dfrac{b+c}{a}$。

《九章算术》把分数减法叫作"减分"，法则是"母互乘子，以少减多，余为实。母相乘为法。实如法而一"。即 $\dfrac{b}{a} - \dfrac{d}{c} = \dfrac{bc-ad}{ac}$。

《九章算术》把分数乘法叫作"乘分"，法则是"母相乘为法，子相乘为实，实如法而一"。即 $\dfrac{b}{a} \times \dfrac{d}{c} = \dfrac{bd}{ac}$。

《九章算术》把分数除法叫作"经分"，法则是"法分母乘实，实分母乘法"。即 $\dfrac{b}{a} \div \dfrac{d}{c} = \dfrac{bc}{ac} \div \dfrac{ad}{ac} = \dfrac{bc}{ad}$。

"古人的分数除法" 阅读单

〰〰〰〰〰〰〰〰〰

　　1984 年，考古工作者在湖北省江陵张家山汉墓出土的竹简中，发现了中国最早的一本数学专著《算数书》，其中"启从（纵）"一题记载了分数除法"颠倒相乘法"："广七分步之三，求田四分步之二，其从一步六分步之一"。用现在的话来说就是：已知一块田的面积是 $\frac{2}{4}$ 步，田的宽边是 $\frac{3}{7}$ 步，求得田的长边是 $1\frac{1}{6}$ 步。它计算的法则是："广分子乘积分母为法，积分子乘广分母为实，实如法一步。""积分母"和"积分子"是表示面积的分母和分子，"广分母"和"广分子"是表示宽的分母和分子。这就是把除数的分子和分母颠倒与被除数相乘的方法，简称"颠倒相乘法"。它比原来大家认为最早的刘徽的《九章算术注》中的"分数除法颠倒相乘"至少还要早 400 年。

　　《九章算术》的"方田①"章中给出的运算方法，用现在的话说就是：运算时采用先将除数与被除数通分（带分数要化为假分数），再用分子相除。用字母表示是：$\frac{b}{a} \div \frac{d}{c} = \frac{bc}{ac} \div \frac{ad}{ac} = \frac{bc}{ad}$。由此可知，分数相除和整数相除的意义相同，都可以看作"实"与"法"之比。刘徽在注《九章算术》的时候，概括出了较为具体的计算法则：除以一个数等于乘上这个数的倒数。

　　下面是"方田"中所给的例子：

　　今有七人，分八钱三分钱之一。问人得几何？

　　意思是说：现有 7 个人，分 $8\frac{1}{3}$ 钱。问每人平均得钱多少？

　　答曰：人得一钱二十一分钱之四。

---

① 方田是通过量出边线的长度来求出土地面积的方法。

❖ **探究任务一**

你能根据上面的条件列出算式吗？并试着用我们学习过的分数除法来解答。

（提示：先把带分数化成假分数）

我们来看看《九章算术》中是如何解决这个问题的。原文中说道："经分术曰：以人数为法，钱数为实，实如法而一。有分者通之。重有分者同而通之。"这段话是什么意思呢？"实"是指被除数或分子，"法"是指除数或分母，"实如法而一"也就是用实除以法，进行除法运算。整段话的大意是：分数相除的运算法则是：以人数作除数，以钱数作被除数，除数除被除数得结果。若除数、被除数中有带分数，应化为假分数。运算时则采用先将除数与被除数通分（带分数要化为假分数），再把分子相除的方法。用数学算式表示为：

$$8\frac{1}{3} \div 7 = \frac{25}{3} \div 7 = \frac{25}{3} \div \frac{21}{3} = 25 \div 21 = \frac{25}{21}$$

你看懂这个算式了吗？它是先把被除数和除数的分母变相同，也就是先统一（　　　），再用计数单位的个数相除，也就是把分数除法转化成（　　　）进行计算。

❖ **探究任务二**

在理解《九章算术》的算法后，我们按照这种方法计算下面两道题。

1. $\frac{2}{3} \div 5 =$

2. $\frac{2}{5} \div \frac{3}{4} =$

从中可以得知，如果用字母 $\dfrac{b}{a} \div \dfrac{d}{c}$ 来表示这个式子，则按照上面的方法，先通分成（   ）÷（   ），然后计算得到最终的结果（   ）。

刘徽在注解《九章算术》的时候概括出了较为具体的法则——颠倒相乘，实际上就是我们现在学习的分数除法的法则——除以一个数等于乘（   ）。我们在课本上学的这个方法早在千年前就被我们的先人总结过了，多么神奇呀！

从目前的资料可知，印度数学家摩珂毗罗在其后 700 年才发现了分数除法颠倒相乘的法则。而在欧洲，直到 1484 年，法国数学家才提出了与《九章算术》中相同的分数运算方法；1489 年，德国数学家魏德曼提出分数除法颠倒相乘的法则，比刘徽的发现要晚 1200 多年，比《算数书》晚 1600 多年。

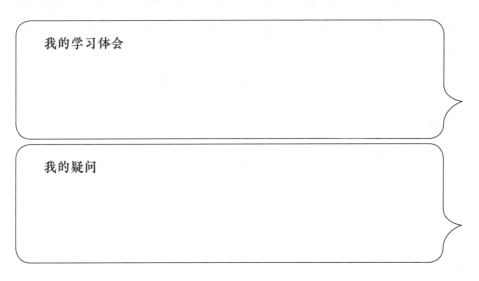

我的学习体会

我的疑问

依法纳税知多少

阅读指导要点提示

❖ 学习目标

1. 理解并掌握个人所得税和营业税的计算方法，能正确计算个人所得税和营业税。

2. 了解有关税收的知识，知道公民应当依法纳税，为国家建设出力。

❖ 实施要点

1. 创设情境，激发学生的阅读兴趣。

2. 自主阅读。给学生充分的时间去独立阅读"阅读单"，把学生之间的差异作为重要的课程资源，注重"兵教兵"，尤其要关注后进生的学习困难，及时给予指导与帮助。

3. 全班交流。反馈、交流"探究任务"的解答方法与答案，以及"我的体会"和"我的疑问"。教师适时进行点拨与引导。

❖ 知识链接

税　收

税收是国家为满足社会公共需要，凭借公共权力，按照法律所规定的标准和程序，参与国民收入分配，强制地、无偿地取得财政收入的一种方式。

税收主要用于国防和军队建设、国家公务员工资发放、道路交通和城市基础设施建设、科学研究、医疗卫生防疫、文化教育、救灾赈济、环境保护等领域。所以，税收"取之于民，用之于民"。

为什么要依法纳税

在现代社会，国家的财政收入主要是税收，所以现代国家也被称为税收国家。依法纳税是每个公民应尽的义务。从事生产经营的纳税人更要缴税。就老百姓而言，我们的食品（增值税、消费税）、服装（增值税、消费税）、住房（土地增值税、房产税、契税、印花税）、旅游（车辆购置税、车船税）等都有税收的影子。我们之所以离不开税收，是因为我们享受的所有公共物品都来自税收。没有税收，我们很难看到警察和公路，也很难获得秩序和安全。

"依法纳税知多少"阅读单

纳税是根据国家税法的有关规定，按照一定的比率把集体或个人收入的一部分缴纳给国家。税收是国家收入的主要来源之一。依法纳税是每个公民应尽的义务。

税收主要分为消费税、增值税、营业税和个人所得税等。缴纳的税款叫作应纳税款，应纳税额与各种收入（销售额、营业额……）的比率叫作税率。

你知道个人所得税的计算方法吗？下表为 2023 年个人所得税税率表。

级　数	全月应纳税所得额	税　率
0	5000 元以下	免征
1	5001~8000 元	3%
2	8001~17000 元	10%
3	17001~30000 元	20%
4	30001~40000 元	25%

级　数	全月应纳税所得额	税　率
5	40001~60000 元	30%
6	60001~85000 元	35%
7	超过 85001 元	45%

怎样计算缴多少税呢？比如一个人的月收入是 8200 元，应该缴多少税呢？从上表中可以看出，5000 元以下免征税，5001~8000 元的部分交税 3%，即（8000−5000）×3%=90 元。8200 元比 8000 元还多 200 元，这 200 元处于 8001~17000 元，这部分要缴 10% 的税，也就是（8200−8000）×10%=20 元。因此，这个人一个月一共要交税：90+20=110 元。

❖ 探究任务一

秀秀老师的月工资缴完五险一金（五险一金不纳税）后是 12000 元，请你计算一下秀秀老师每个月要缴多少个人所得税？

个体工商户按照每年的收入减去成本后的余额纳税。按年生产经营所得税率如下表所示。

级　数	应纳税所得额	税　率
1	不超过 30000 元	5%
2	30001~90000 元	10%
3	90001~300000 元	20%
4	300001~500000 元	30%
5	超过 500000 元	35%

例如：某饭店年收入 30000 元，减去成本和损失 10000 元，剩下的 20000 元需要纳税，纳税额为 20000×5%=1000 元。

一家饭店某月收入为 15 万元，除去各项开支 5 万元，这家饭店这个月应缴纳营业税多少元？

近些年来，娱乐圈的明星、网红们屡屡曝出巨额偷税、漏税事件，引起民众的高度关注。在娱乐圈之外，一些商家也存在严重的偷税、漏税行为。根据《中华人民共和国刑法》第二百零一条规定，纳税人采取欺骗、隐瞒手段进行虚假纳税申报或者不申报，逃避缴纳税款数额较大并且占应纳税额百分之十以上的，处三年以下有期徒刑或者拘役，并处罚金；数额巨大并且占应纳税额百分之三十以上的，处三年以上七年以下有期徒刑，并处罚金。

税收是保证公共服务机构正常运行的前提，是维持社会秩序的重要手段。作为一个现代社会的文明人，不管社会地位如何，不管收入高低，请记住：偷税、漏税可耻，积极报税、纳税光荣。

我的学习体会

我的疑问

古人是怎样探究圆周率的

阅读指导要点提示

❖ 学习目标

1. 经历古代数学家用"割圆术"探究圆周率的简单过程，体会古代数学家的智慧和严谨的科学精神。

2. 了解世界各国数学家研究"圆周率"的背景知识，开阔视野，增长见识。

❖ 实施要点

1. 创设情境，激发学生的阅读兴趣。

2. 自主阅读。给学生充分的时间去独立阅读"阅读单"，把学生之间的差异作为重要的课程资源，注重"兵教兵"，尤其要关注后进生的学习困难，及时给予指导与帮助。

3. 全班交流。反馈、交流"探究任务"的解答方法与答案，以及"我的学习体会"和"我的疑问"。教师适时进行点拨与引导。

❖ 知识链接

π 的简介

众所周知，π 可以说是世界上最有名的无理常数了，代表的是一个圆的周长与直径之比，又称圆周率。公元前 250 年左右，阿基米德给出了"圆周率"的估计值在 $\frac{223}{71}$ ~ $\frac{22}{7}$，也就是在 3.140845~3.142857。

中国南北朝时期的著名数学家祖冲之首次将圆周率精算到小数点后第七位，即在 3.1415926~3.1415927，他提出的"密率与约率"对数学的研究有重大贡献。直到 15 世纪，阿拉伯数学家阿尔·卡西才以"精确到小数点后 17 位"打破了这一纪录。

代表圆周率的字母是第 16 个希腊字母的小写，也是希腊语"圆周"的首字母。1706 年，英国数学家威廉·琼斯最先使用"π"来表示圆周率。1736 年，瑞士数学家欧拉也开始用"π"表示圆周率。从此，"π"便成了圆周率的代名词。

"古人是怎样探究圆周率的"阅读单

（一）

我们已经知道，圆是一种封闭的曲线图形，围成圆的曲线的长，就是圆的周长。怎样才能知道圆的周长是多少呢？通常情况下，要想知道长度需要用直尺测量。但是，直尺无法直接量出圆的周长。那么，我们能估算出圆的周长吗？答案是肯定的，下面我们跟着古人的方法一起去探究吧。

估算时，我们可以先确定一个长度，作为与圆的周长比较的参考。这就好比要看一个同学个头有多高，我们通常要找一个人与他进行比较一样。我们选择用一个圆的直径或半径的长度来与圆的周长比较。然后，我们可以这样考虑：一个圆的周长中，到底有几个它的直径或者半径的长度？由此看来，直径或者半径，其实就是圆随身携带的一把"尺子"。

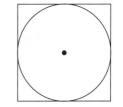

第一步，画一个圆，并在这个圆的外面画一个外切正方形，也就是正方形的四条边紧挨着圆的外侧（如右图）。

❖ **探究任务一**

因为圆的周长与正方形的周长相比，（　　　）更长一些，而正方形的边

长 = 圆的（　　　　）。已知正方形的周长 = （　　　　）× 4，所以圆的周长一定比（　　　　）的 4 倍（　　　　）一些。（填"多"或"少"）

第二步，画一个圆，并在这个圆内紧挨着它画一个内接正六边形（如下图）。

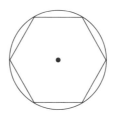

❖ **探究任务二**

1. 因为圆的周长与正六边形的周长相比，（　　　　）更长一些，而正六边形的边长 = 圆的（　　　　）。已知正六边形的周长 = 半径 × （　　　　）= 直径 × （　　　　），所以圆的周长一定比直径的（　　　　）倍（　　　　）一些。（填"多"或"少"）

2. 比较圆外的正方形的周长、圆的周长和圆内的正六边形的周长。

（　　　　　　　）>（　　　　　　　）>（　　　　　　　）

因为圆外正方形的周长与圆的直径的（　　　　）倍相等，圆内正六边形的周长与圆的半径的（　　　　）倍相等，也就是与圆的直径的（　　　　）倍相等。这就是说，圆的周长在圆的直径的（　　　　）倍与（　　　　）倍之间，这就估算出了圆周的长度。

更重要的是，不管圆的周长是多少，其总满足大于内接正六边形的周长，小于外切正方形的周长。于是，古人总结出"径一周三"的说法，这是古人对圆周率的大致估测的最简单且智慧的表达。

（二）

圆周率是圆的周长与直径的比值。在我国，现存有关圆周率的最早记载是 2000 多年前的《周髀算经》。古人用测量的方法发现了圆的周长总是直径的 3 倍多，也就是说，圆周率的值是三点几，那么，圆周率的值是一个固定不变的数吗？圆周率的准确值到底是三点几呢？这个问题吸引了许多数学家去研究。

公元前 3 世纪（距今 2000 多年前），古希腊数学家阿基米德发现：当正多边形的边数越增加，它的形状就越接近圆（如下图）。

这一发现提供了计算圆周率的新途径。阿基米德用圆内接正多边形和圆外切正多边形两种方法同时逐步逼近圆，他一直算到圆内接正 96 边形和圆外切正 96 边形，取两个方向的平均数，最后获得了圆周率的值在 $\frac{223}{71} \sim \frac{22}{7}$，平均值为 3.1418。了不起的阿基米德在 2000 多年前就通过计算得到了精度高达 99.9% 的 π，要知道，在他那个年代还没有定义小数，甚至连 "0" 的定义都没有（相传，"0" 是到了 5 世纪才由印度人最先用于计算之中）。

在我国古代，最先用科学方法计算圆周率的是魏晋时期的杰出数学家刘徽。刘徽在为《九章算术》作注释时发现，古人利用 "径一周三" 来计算圆的周长很不精确，于是他创造了 "割圆术" 来计算圆周率。这种方法是先在圆上截取等分点，然后顺次连接各等分点，组成内接正多边形，然后不断倍增圆内接正多边形的边数，用圆内接正多边形的面积去无限逼近圆面积并以此求得圆周率。刘徽从圆内接正六边形算起，边数依次加倍，相继算出正 12 边形、正 24 边形……直到正 192 边形的面积，得到圆周率的近似值为 $\frac{157}{50}$（3.14），后人称这个数值为 "徽率"。

❖ **探究任务三**

1. 请你测量出下图中正六边形的边长是（　　　）毫米，周长是（　　　）毫米，圆的直径是（　　　）毫米。

正六边形的周长 ÷ 圆的直径 ≈（　　　　）（得数保留三位小数）

2. 请你测量出下图中正 12 边形的边长是（　　　　）毫米，周长是（　　　　）毫米，圆的直径是（　　　　）毫米。

正 12 边形的周长 ÷ 圆的直径 ≈（　　　　）（得数保留三位小数）

3. 在下面写一写你测量和计算之后的感受吧。

刘徽的方法是用圆内接正多边形，从一个方向逐步逼近圆。《九章算术》记载："割之弥细，失之弥少，割之又割，以至于不可割，则与圆合体而无所失矣。"刘徽得到的"徽率"，在当时是世界上领先的成果。有意思的是，1175 年，国外数学家皮莎诺用同样的方法，算至正 96 边形，也得出 π=3.141，比刘徽晚了 900 多年。

恐怕大家更加熟悉的是祖冲之所做的贡献吧。1500 多年前，我国南北朝时期著名的数学家、天文学家、历法家祖冲之按照刘徽的"割圆术"方法继续探究圆周率的值。他做了一个直径为一丈（也就是 3.3333 米）的圆，一直切割到正 24576 边形，经过反复多次的测量、计算，最终算出圆周率的值在 3.1415926 和 3.1415927 之间。他还用分数 $\frac{22}{7}$ 和 $\frac{355}{113}$ 近似表示圆周率，其中 $\frac{355}{113}$ 成为"密率"，也叫"祖率"，这一成就在世界上领先了约 1000 年。

要做到这样精密计算是一项非常艰巨的脑力劳动。在祖冲之那个年代还没有算盘，更别提计算机等工具了，他只能用算筹进行计算。算筹是一根根同样长短和粗细的小棍子，一旦摆偏或摆错就得重新计算。这种对研究的一丝不苟、艰苦卓绝的精神实在是令人惊叹。现代人为了纪念这位伟大的科学家，将月球背面的一座环形山命名为"祖冲之环形山"。

不管是古希腊的阿基米德，还是中国古代的刘徽和祖冲之，他们采用的正多边形逼近圆的方法计算量都很大，要得出圆周率更精确的得数必须在方法上有所突破。

随着数学的不断发展，人类开始摆脱求正多边形周长的繁难计算，到后来又出现微积分、幂级数等，求圆周率的方法也在不断更新。到 2000 年，圆周率已经可以算到小数点后 12411 亿位。到 2011 年，随着计算机技术的不断进步，圆周率已经被瑞士人计算到小数点后 62.8 万亿位。

可能会有人问：计算圆周率到底有什么意义呢？圆周率既能促进数学、物理学、天文学等的发展，也可以检测超级计算机的性能，还有人通过背诵圆周率小数点后的精确数位来锻炼自己的记忆力。

为了纪念圆周率 π 这个迷人的数字，国际上将每年的 3 月 14 日定为圆周率日。

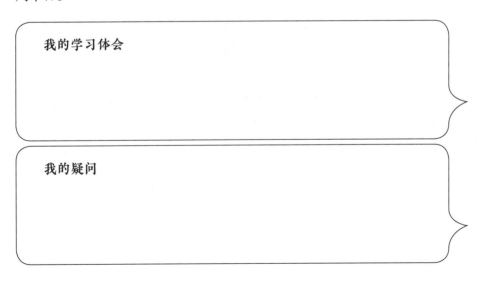

我的学习体会

我的疑问

亏了还是赚了

阅读指导要点提示

❖ 学习目标

1.通过阅读、探究，增进对真实情境中圆面积知识的理解和运用，发展计算能力和应用意识。

2.体会数学在生活中的应用价值，增强学习数学的兴趣。

❖ 实施要点

1.创设情境，激发学生阅读的兴趣。

2.自主阅读。给学生充分的时间去独立阅读"阅读单"，把学生之间的差异作为重要的课程资源，注重"兵教兵"，尤其要关注后进生的学习困难，及时给予指导与帮助。

3.全班交流。反馈、交流"探究任务"的完成情况，以及"我的学习体会"和"我的疑问"。教师做必要的讲解、点拨与提升。

❖ 知识链接

蛋糕的尺寸

生日蛋糕是我们非常熟悉的一种甜品。通常意义上讲的蛋糕尺寸是指其圆形直径为英寸的蛋糕。1 英寸 =2.54 厘米。例如，通常所说的 6 寸，指的是蛋糕坯子的直径为 15.24 厘米，不包括上面的奶油和其他装饰。

其他蛋糕尺寸对应的直径如下：

8 英寸 ≈20 厘米，10 英寸 ≈25 厘米，12 英寸 ≈30 厘米，14 英寸 ≈35 厘米，16 英寸 ≈40 厘米，18 英寸 ≈45 厘米，20 英寸 ≈50 厘米。

"亏了还是赚了"阅读单

（一）

周末，淘气一家人去一家餐馆吃饭。餐馆除了普通饭菜外，还有直径为 5 寸、9 寸、12 寸等几款大小不同、厚度大致相同的披萨供顾客选择。淘气爸爸给淘气点了一份 9 寸（直径）的披萨，结果餐馆老板端来两份 5 寸（直径）的披萨，客气地说："9 寸的披萨没有了，所以给你们上了两份 5 寸的，不仅价格是 9 寸的一半，还多送了你们 1 寸。"淘气爸爸想了想，发现不对劲儿，客气地对餐馆老板说："这个不是这么算的。看来，咱们有必要复习一下圆面积有关的知识。"

❖ 探究任务一

上六年级的淘气先给餐馆老板背诵了圆的面积公式：（　　　），然后，淘气和爸爸一起给他普及了一下圆面积的知识（除不尽的保留两位小数）：

直径 9 寸披萨的面积约是（　　　）平方寸，直径 5 寸披萨的面积约是（　　　）平方寸。

淘气说："所以，两份 5 寸的面积加起来是（　　　）平方寸，怎么能说多送给我们 1 寸呢？"

餐馆老板惊呆了，最后给他们上了四份 5 寸披萨，相当于免费多送了一份。淘气吃得都走不动路了。看来知识就是力量呀！

❖ 探究任务二

某快餐店有直径为 6 寸、8 寸、12 寸等几款大小不同、厚度大致相同的普通披萨供顾客选择。笑笑和淘气去吃披萨，点了一份 12 寸的。服务员客气地说："很抱歉！12 寸的卖完了。"同时，端来了一份 8 寸的和一份 6 寸的来抵换。

笑笑说："可以，8+6=14（寸），还大了 2 寸。"淘气说："不行，拿一份 8 寸的加两份 6 寸的，那才差得不多。"

你同意谁的观点？用计算来支持你的看法。（提示：圆周率用 π 来代替，计算结果用"几 π"表示。）

（二）

射击比赛的枪靶由 10 个同心圆组成，其中每相邻的两个圆围成一个圆环，从外向里依次叫作 1 环、2 环、3 环……8 环、9 环、10 环。射中的环数越高，说明射击运动员的枪法越好。

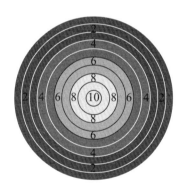

为什么射中 10 环最难呢？这是因为 10 环的面积最小。那么，射中 10 环的难度是射中 1 环难度的多少倍呢？

其实，只要算一算 1 环和 10 环这两个环形的面积，就知道其中的奥秘了。

❖ 探究任务三

假设 10 环的圆的半径是 1，那么 9 环对应的外圆半径便是 2，8 环对应的外圆半径便是 3……以此类推，1 环对应的外圆半径是 10，内圆半径是 9；10 环对应的外圆半径是 2，内圆半径是 1。

我们知道，计算环形的面积，可以用外圆面积 – 内圆面积。（计算时把圆周率看作 π，计算结果用"几 π"表示）

1 环的面积是：

10 环的面积是：

可知，10 环的面积是 1 环面积的（　　　）倍。

所以，射中 10 环和射中 1 环相比，射中 10 环的难度大多了！

我的学习体会

我的疑问

小欧拉智改羊圈

阅读指导要点提示

❖ 学习目标

1. 通过阅读与计算，知道"周长相等的平面图形中，圆的面积最大"，能够运用这个知识解决生活中的简单实际问题，发展运算能力与应用意识。

2. 了解"小欧拉改羊圈的故事"，体会数学与生活的密切联系，开阔视野，增长见识，养成从小爱动脑筋的好习惯。

❖ 实施要点

1. 创设情境。介绍大数学家欧拉的故事，激发学生的阅读兴趣。

2. 自主阅读。给学生充分的时间去独立阅读"阅读单"，把学生之间的差异作为重要的课程资源，注重"兵教兵"，尤其要关注后进生的学习困难，及时给予指导与帮助。

3. 全班交流。反馈、交流"探究任务"的解答方法与答案，以及"我的学习体会"和"我的疑问"。教师释疑解惑。

❖ 知识链接

数学家欧拉

莱昂哈德·欧拉（1707—1783 年），瑞士数学家、自然科学家。欧拉是 18 世纪数学界最杰出的人物之一，他不但为数学界做出贡献，更把整个数学推至物理的领域。他是数学史上最多产的数学家，平均每年写出 800 多页的论文，还编写了大量的力学、分析学、几何学、变分法等学科的课本，许多都成为数学界的经典著作。欧拉对数学的研究非常广泛，因此在许多数学的分支中经常能见到以他的名字命名的重要常数、公式和定理。此外，欧拉还涉及建筑学、弹道学、航海学等领域。没有欧拉的众多科学发现，我们将过着完全不一样的生活。

"小欧拉智改羊圈"阅读单

欧拉是 18 世纪的一位瑞士数学家。他从小就喜欢读书，爱动脑筋。小时候，欧拉帮助爸爸放羊，他一边放羊，一边读书。他读的书中，有不少数学书。

爸爸养的羊渐渐增多了，达到了 100 只，原来的羊圈有点小，爸爸决定再建造一个新的羊圈，就用尺子在空地上量出了一块长方形的土地，长 40 米，宽 15 米。他一算，羊圈的面积正好是（　　　）平方米，平均每只羊的活动面积是（　　　）平方米，羊圈的周长是（　　　）米。正打算动工的时候，他发现自己准备的材料只够围 100 米的篱笆，比羊圈的周长短，材料不够用。如果缩小羊圈的面积，每只羊的活动面积也会随之变小。羊圈只能在空地上用篱笆建造，也没办法利用现成的墙壁，这可怎么办呢？爸爸有些犯愁了！

小欧拉知道了这个情况后，就跟父亲说，不用增加材料，也不用靠墙围篱笆，他有办法把羊圈的面积变大，只要稍稍改变一下羊圈的形状就行了。

亲爱的同学们，你们有办法解决欧拉爸爸的难题吗？你们知道小欧拉是怎么做的吗？

❖ **探究任务一**

1. 你知道小欧拉是怎么移动羊圈的桩子解决爸爸的难题的吗？请画图说明。

15米   40米

2. 按照欧拉的改动方案，羊圈所需的篱笆是多少米？羊圈的面积有多大？

欧拉爸爸同意让他试试看。小欧拉站起身，以一个木桩为中心，将原来的 40 米边长截短，缩短到 25 米。把原来 15 米的边长延长，也变成了 25 米。经过改动，原来计划中的羊圈变成了一个边长 25 米的正方形。然后，小欧拉很自信地对爸爸说："现在，篱笆也够了，面积也够了。"

爸爸照着小欧拉设计的羊圈扎上了篱笆，100 米长的篱笆真的够了，不多不少，全部用光。面积也足够了，而且还大了一些。爸爸心里感到非常高兴，他觉得小欧拉爱动脑筋，将来一定大有出息。后来，他想办法让小欧拉认识了一位数学家。通过这位数学家的推荐，1720 年，欧拉成了巴塞尔大学的大学生。这一年，欧拉 13 岁，是这所大学最年轻的大学生。

实际上，数学家欧拉的办法就是我们在三年级时学到的知识：周长相等的长方形和正方形，（　　　　）的面积更大，长方形的长和宽越接近，面积就越（　　　　）。

已经上了六年级的你，读到这里，有没有受到小欧拉的启发继续思考：同样用 100 米长的篱笆围羊圈，有没有面积更大的围法呢？请你继续往下探究吧。

❖ **探究任务二**

1. 周长为 100 米的圆形，面积约是多少平方米？（ $\pi \approx 3$ ，得数保留整数）

2. 比较周长为 100 米的长方形、正方形和圆形羊圈，哪个面积更大？
（　　　　　　）＞（　　　　　）＞（　　　　　）

3. 张叔叔想在一个边长是 10 分米的正方形地上挖一个周长为 25.12 分米的圆形下水井口，这块土地够用吗？请你画一画、算一算。

要想知道这块土地够不够用，除了直接比较圆形与正方形的面积大小之外，还有其他方法吗？

我的学习体会

我的疑问

"+、-、×、÷"的来历与定义新运算

阅读指导要点提示

❖ 学习目标

1.通过阅读，了解"+、-、×、÷"运算符号的演变历史，体会数学符号都是人为的规定，开阔视野，增长见识。

2.理解定义新运算的含义，能够解决定义新运算的问题，发展推理意识和运算能力。

❖ 实施要点

1.创设情境，激发学生的阅读兴趣。

2.自主阅读。给学生充分的时间去独立阅读"阅读单"，把学生之间的差异作为重要的课程资源，注重"兵教兵"，尤其要关注后进生的学习困难，及时给予指导与帮助。

3.全班交流。反馈、交流"探究任务"的解答方法与答案，以及"我的学习体会"和"我的疑问"。教师释疑解惑。

❖ 知识链接

定义新运算

定义新运算是指用一个符号和已知运算表达式表示一种新的运算。定义新运算是一种特别设计的计算形式，它使用一些特殊的运算符号，如 *、Δ、◎

等，这与四则运算中的加减乘除符号不一样。新定义的算式中有括号的，要先算括号里的。

解答定义新运算，关键是要正确地理解新定义运算的算式含义；然后严格按照新定义运算的计算程序，将数值代入算式中；最后把它转化为一般的四则运算，再进行计算。

"'+、−、×、÷'的来历与定义新运算"阅读单

大家在数学学习中经常会用到一些运算符号，比如"+、−、×、÷"，但是，你知道它们的来历吗？谁最先创造出它们的？它们在什么时候才在世界上被普遍使用？……

使用运算符号可是数学发展历史上的一件大事，一个好的运算符号便于人们对数学的表达和理解，反之，会使数学表达含糊不清，难于交流。现在，让我们一起看看这些运算符号是如何"演变"过来的吧。

据说，在几百年前的德国，卖酒的商人会用"−"表示卖出多少酒，如果接下来要装入新酒，就使用竖线条把原来画的横线划掉。于是就出现用来表示减少的"−"和用来表示增加的"+"。1489 年，德国数学家魏德曼在他的著作里首先使用"+""−"表示剩余和不足——在横线上加一竖表示增加的意思，从加号中减去一竖表示减少的意思。后来经过法国数学家韦达的宣传和提倡，"+""−"才开始普及，直到 1630 年才得到大家的公认。

乘号"×"是在 17 世纪由英国数学家欧德莱最先使用的。欧德莱发现乘法也是增加的意思，但又和加法有所不同。怎么办呢？他灵活地把加号斜过来写，用它来表示数字增加的另一种运算法，并给它取名为"乘号"。

1689 年，德国数学家莱布尼兹提出用小圆点"·"表示乘法，以避免"×"和字母"X"混淆，之后用"·"代替乘号的用法也流行起来。现在，在欧洲一些国家，如德国、法国、俄罗斯等，就规定用"·"作乘号，其他国家则用"×"作乘号。我国规定，用"×"和"·"作乘号都可以，乘号

还可以省略不写，数字一般写在字母的前面。比如，$a \times 2.5$ 可以写作 $a \cdot 2.5$，也可以简写为 $2.5a$。

除号"÷"被称为雷恩记号，因为它是瑞典人雷恩在 1659 年出版的一本代数书中首先使用的。1668 年，这本书译成英文出版，这个记号才得以流行起来，直到现在。1666 年，德国数学家莱布尼兹在他的一篇论文《组合的艺术》中首次用"："作为除号，后来逐渐通用，现在德国等国仍在使用。

到 17 世纪末、18 世纪初，人们使用的计算符号与现在的计算符号已完全一样了。

通过上面的介绍，大家会发现，很多数学知识其实就是一种人为的规定。当某个数学家创造出一种数学符号来定义某种运算规则时，受到大家的追捧，使用的人越来越多，这个数学符号也就流行开来了。

怎么样，你想不想也利用某个数学符号来定义一些有趣的新运算规则呢？下面我们一起来试一试吧。

❖ **探究任务一**

1. 如果 $A \odot B = A \times B + A \div B$，那么 $100 \odot 2 = ($ $)$。

分析：这道题中，$A \odot B = A \times B + A \div B$ 就是一种人为规定的新运算。符号"$\odot$"的运算就是把 A 和 B 这两个数先相乘，再相除，然后相加求和。

当 $A=100$，$B=2$ 时，$A \odot B = 100 \odot 2 = ($ $) \times ($ $) + ($ $) \div ($ $) = ($ $)$。

怎么样，有趣吧？用这个新运算再计算一道题吧。

$1 \odot 0.2 = ($ $) \times ($ $) + ($ $) \div ($ $) = ($ $)$

2. 如果 $a \odot b = (a-b) \times 2$，那么 $17 \odot 7 = ($ $)$。

分析：这一题用符号"$\odot$"重新定义了一个新的运算规则，也就是先把 a 和 b 相减求差，再乘 2 求积。

当 $a=17$，$b=7$ 时，$a \odot b = 17 \odot 7 = ($ $)$。

3. 如果 $a \odot b = (a-b) \times 2$，那么 $17 \odot (13 \odot 7) = ($ $)$。

分析：与上一题相比，定义新的运算规则中多了一个小括号，同样应该先算括号里的，再算括号外的。

这道题应该先做 13 ◎ 7，13 ◎ 7=（13–7）×2=12。然后，17 ◎（13 ◎ 7）= 17 ◎ 12=（   ）。

❖ **探究任务二**

1. 如果 $d ◎ c=(d+c)÷(d-c)$，那么 16 ◎ 8=（   ）。

2. 如果 $a ◎ b=(a+b)×(a-b)$，那么 16 ◎ 8=（   ）。

3. 如果 $a ◎ b=(a+b)÷2$，那么 16 ◎ 8=（   ），16 ◎（8 ◎ 20）=（   ）。

怎么样，同样都是 16 ◎ 8，但是因为符号"◎"定义的新运算规则不同，计算的结果是不是也不一样啊？

```
我的学习体会
```

```
我的疑问
```

把瓶子倒过来

阅读指导要点提示

❖ 学习目标

1.通过阅读，理解并掌握求不规则物体容积的方法，并能运用所学知识解决简单的实际问题，提高解决问题的能力和创新意识。

2.体会"等积变形"的思想，发展应用意识和推理意识。

❖ 实施要点

1.创设情境，激发学生阅读的兴趣。

2.自主阅读。给学生充分的时间去独立阅读"阅读单"，把学生之间的差异作为重要的课程资源，注重"兵教兵"，尤其要关注后进生的学习困难，及时给予指导与帮助。

3.全班交流。反馈、交流"探究任务"的解答方法与答案，以及"我的学习体会"和"我的疑问"。教师释疑解惑，并做必要的点拨与提升。

❖ 知识链接

等积变形

等积变形是指几何形体的形状发生变化后，变化后的图形（物体）和原图形（物体）相比较，面积（体积）与原来相等。

等积变形法是几何学习中常用的解题方法。用等积变形法解题，能够化难为易。

"把瓶子倒过来"阅读单

同学们，等到你们上了大学，学了高等数学以后，就能通过复杂的运算（积分）求一些不规则图形的体积了。如果现在有一个开口很特别的瓶子，要计算它的容积，该怎么办呢？当然，我们可以用简单的方法求得：先把瓶子里装满水，再把水倒入量杯，马上就能知道瓶子的容积。这个方法既简单又方便，可是，有时会受到条件限制——假如没有量杯呢？这时就要随机应变了。我们看看乐乐是怎么解决的吧。

有一次，爱动脑筋的乐乐遇到了一个难题：爸爸给他一个普通的酒瓶，瓶子的下部是常见的圆柱形，可是瓶颈部分却是狭长而不规则的。爸爸问他能不能用直尺量出酒瓶的容积。这下，乐乐被难住了。

圆柱的体积公式是 $V=\pi r^2 h$，瓶子下部的圆柱可以用公式计算容积。可是，瓶颈部分该怎样计算容积呢？想着想着，乐乐突然灵光一闪，啊，有了！他把酒瓶放到水龙头下面，往里面灌了一些水，水平面在圆柱部分。这时，乐乐用尺子量了一下水平面的高度和酒瓶底面的直径，然后用圆柱体体积公式计算出了水的体积。下一步是测出酒瓶上面没有水的部分的容积。他把瓶盖拧紧，然后把酒瓶倒过来，这样空着的部分也是一个圆柱了。乐乐用求圆柱形的体积公式来求酒瓶空着的部分的容积，然后把两部分容积相加，整个酒瓶的容积就计算出来了。

聪明的同学们，你们看懂乐乐的方法了吗？乐乐的这种方法其实是利用了体积不变的特性，把不规则图形转化成规则图形来计算，数学上把这种方法叫作等积变形。

下面我们也用这种方法来试试吧。

❖ 探究任务

1. 如右图所示，一个内直径是 8 厘米的瓶子里，水的高度是 7 厘米，把瓶盖拧紧倒置放平。无水部分是圆柱形，高度是 18 厘米，这个瓶子的容积是多少？

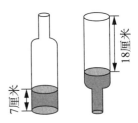

2. 一瓶装满的矿泉水，小明喝了一些，把瓶盖拧紧后倒置放平，无水部分高 10 厘米。瓶子内直径是 6 厘米。小明喝了多少水？

3. 一个圆柱形玻璃容器的底面直径是 10 厘米，把一块完全浸没在这个容器的水中的铁块取出后，水面下降 2 厘米。这块铁块的体积是多少？

4. 一个密封的长方体容器（如下图），长 6 分米，宽 1 分米，高 2 分米，里面水深 16 厘米。现在把长方体容器的左侧面放在桌面上。放置后，水深多少厘米？

我的学习体会

我的疑问

牙膏的营销机密

阅读指导要点提示

❖ 学习目标

1. 通过阅读、探究，理解"扩大牙膏出口直径能提升牙膏盈利额"的道理，能够运用所学知识解决简单的实际问题，体会数学的应用价值。

2. 体会数学与生活的密切关系，增强学习数学的兴趣，开阔视野，增长见识。

❖ 实施要点

1. 创设情境，激发学生阅读的兴趣。

2. 自主阅读。给学生充分的时间去独立阅读"阅读单"，把学生之间的差异作为重要的课程资源，注重"兵教兵"，尤其要关注后进生的学习困难，及时给予指导与帮助。

3. 全班交流。反馈、交流"探究任务"的解答方法与答案，以及"我的学习体会"和"我的疑问"。教师释疑解惑，并做必要的讲解与点拨。

❖ 知识链接

销售牙膏扩大口径的案例

这个案例大约有两个版本。

第一个版本是，美国有一个牙膏厂，销售停滞不前。老板做出一个大胆的决定：谁要是能想出好办法解决滞销问题，奖励一万元！于是大家纷纷献计献策，其中一个策略让老板眼前一亮：把牙膏口径做大些，比原来扩大 0.1 厘米，这样人们在每次挤牙膏的时候就会比以前挤出来的多，牙膏的使用周期也就比原来的短了许多，这样不知不觉中每年消耗的牙膏就会比原来多出好几倍。牙膏的销售量一定会提上去。老板满意地笑了，立即将一万元奖励给这个人。一段时间后，该厂的销量果然上去了。一个人的智慧拯救了一个厂！

第二个版本是，在牙膏销售停滞不前、积压成堆的时候，公司决定聘请销售天才。面试官向应聘者提出一个问题：如何让牙膏销量提升 20%？其中一位应聘者说："我的方案就写在这张纸上，你可以不录取我，但要付我 5 万美元。"老板打开后很满意，原来纸条上写着："把牙膏口径扩大 0.1 厘米。"牙膏是生活必需品，也是易耗品，把牙膏口径扩大 1 毫米，人们就在不知不觉中增加了用量。

"牙膏的营销机密" 阅读单

～～～～～～～～

某品牌牙膏公司在众多竞争对手的夹击下，盈利额开始不断下滑。老板在公司宣布，如果谁能让公司的牙膏盈利额提升就奖励谁 10 万美元。一个员工给老板写了一张纸条，老板立即给他开了一张 10 万美元的支票。其实，那张纸条上只有一句话：把牙膏出口的直径扩大 1 毫米。

同学们，为什么"牙膏出口的直径扩大 1 毫米"这个建议能获得 10 万美元的奖励？你们知道改变牙膏的出口直径是如何提升公司盈利额的吗？下面我们就来探究一下吧。

❖ 探究任务

1. 假如这款牙膏的出口直径是 5 毫米，人们每次刷牙时都挤出 10 毫米长的牙膏，请你计算每次使用的牙膏量是多少立方毫米？

2. 如果一支牙膏可以使用 36 次，那么牙膏的总量是多少立方厘米？

3. 当牙膏出口直径增加 1 毫米后，人们每次使用的牙膏量是多少立方毫米？

4. 这样，该品牌牙膏在净含量不变的情况下改换新包装，人们还按习惯每次挤出 10 毫米长的牙膏，一支牙膏能用多少次？现在你能解释改变牙膏的出口直径是如何提升公司盈利额的吗？

人们每天早晨习惯挤出同样长度的牙膏，如果开口增大，那么每天牙膏的消费量也必将大幅度增加。

该公司立即改变包装，第二年，公司的营业额增加了 32%。

一个小小的改变，往往会产生意料不到的效果。当我们面对新知识、新事物时，也应该学会把视野打开"1 毫米"，接受新知识、新事物。也许一个新的创见，能让我们从中获得不少启示。

我的学习体会

我的疑问

数学家的墓碑

阅读指导要点提示

❖ 学习目标

1. 了解三位数学家墓碑的故事，感受数学家对数学研究的挚爱之情与执着精神，开阔视野，增长见识。

2. 在阅读和探究活动中体验数学家的智慧和精神，增强学习数学的积极性。

❖ 实施要点

1. 创设情境，激发学生阅读的兴趣。

2. 自主阅读。给学生充分的时间去独立阅读"阅读单"，把学生之间的差异作为重要的课程资源，注重"兵教兵"，尤其要关注后进生的学习困难，及时给予指导与帮助。

3. 全班交流。反馈、交流"探究任务"的完成情况，以及"我的学习体会"和"我的疑问"。教师释疑解惑，并做必要的讲解与点拨。

❖ 知识链接

数学家丢番图

丢番图（246—330 年，据推断和计算而知）是古希腊的重要学者和数学家，他是代数学的创始人之一，对算术理论有深入研究。他完全脱离了几何形式，以代数学闻名于世，被誉为"代数学之父"。

数学家鲁道夫

鲁道夫·范·科伊伦（1540—1610 年），德国数学家。他几乎耗尽了一生的时间，计算到圆内接正 262 边形，于 1609 年得到圆周率 π 的 35 位精度值，以至于圆周率在德国被称为"鲁道夫数"。

"数学家的墓碑"阅读单

墓碑，是象征逝者的名片，也是生者对故人的追思和缅怀。通过墓碑上的雕刻和文字，可以了解逝者的生平和喜好。这是墓碑独特的艺术符号和纪念文化。

一些数学家生前献身于数学研究，数学便是他们最重要的象征符号。因而，在这些数学家逝世后，生者将这些代表逝世数学家一生成就的数学符号镶刻在其墓碑上，这些形和数展现着他们一生的执着追求和闪光的业绩，使墓碑具有独特的文化意义和艺术气息。

（一）

古希腊著名的数学家阿基米德是历史上最杰出的数学家之一。按照他生前的遗愿，人们在他的墓碑上刻了一个"圆柱容球"的几何图形（如下图）。为什么阿基米德希望在自己的墓碑上刻圆柱容球的图形呢？这是因为在他众多的科学发现当中，"圆柱容球"定理是他最得意的成就。据记载，公元前 106—前 43 年，古罗马的一位政治家、历史学家西塞罗在游历叙拉古的时候，在荒草中发现一个无主的墓穴，他就是靠这个图形识别出这个墓是阿基米德之墓。

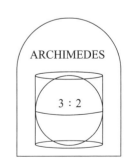

❖ 探究任务一

1.如下图所示，圆柱容球就是把一个球放在一个圆柱形容器中，盖上容器上盖后，球恰好与圆柱的上、下底面及侧面紧密接触。当圆柱容球时，球的直径与圆柱的高和底面直径相等。假设圆柱的底面半径为 r，则高为（　　），圆柱的体积 $V_柱$=（　　），阿基米德发现并证明了球的体积公式是 $V_球 = \dfrac{4}{3}\pi r^3$。所以，$V_球$=（　　）$V_柱$，即当圆柱容球时，球的体积正好是圆柱体积的（　　）分之（　　）。

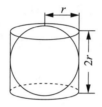

2.如果球的半径为 r，球的表面积为 $S_球 = 4\pi r^2$，你能求出圆柱的侧面积和表面积吗？你发现球的表面积和圆柱的侧面积、表面积有什么关系？

（二）

丢番图是古希腊著名的数学家，生活在 2—3 世纪的时期。他是代数学的创始人之一。古代数学名著《算术》就是丢番图的著作，也是他的重要成就。在这以前，人们都是使用文字来叙述问题。丢番图创造了一套缩写符号，如未知量、未知量的各次幂等。这些缩写符号，可以说是代数符号的起源。虽然这些记号还只是缩写性质，但这是真正符号代数出现之前的一个重要阶段，这在代数发展史上是一个巨大的进步。因此，丢番图被后人称为"代数学之父"。

其实，丢番图最为人乐道的不是他的数学成就，而是他那奇特的墓志铭。

丢番图的墓碑上刻了一段话，同时也是关于他寿命的一个代数问题：

过路的人啊，这里安葬着丢番图。

他的寿命有多长，下面这些文字可以告诉你。

他的童年占一生的 $\frac{1}{6}$，接着 $\frac{1}{12}$ 是少年时期，又过了 $\frac{1}{7}$ 的时光，他找到了终身伴侣。

5 年之后，婚姻之神赐给他一个儿子，可是儿子命运不济，只活到父亲寿数的一半，就匆匆离去。

这对他是一个沉重的打击，他在极度悲痛中又度过了 4 年，也离开了人世。

长眠于如此奇特的墓志铭之下，丢番图对数学的热爱可见一斑。

❖ 探究任务二

请你根据丢番图墓碑上的记述（如下图），计算一下丢番图的年纪。

（三）

鲁道夫，德国数学家，他几乎把一生的精力都花在了 π 值的计算上。在他临终那一年，他通过计算圆内接及外切正 262 边形，得到了圆周率的小数点后 35 位小数，在 π 的历史上写下了光辉的一页。

1610 年，鲁道夫带着他创造的世界纪录离开了世界。人们为了纪念这位探索 π 的勇士，给他立了一块奇特的墓碑，墓碑上没有任何赞美的颂词，而是根据他生前的意愿，刻上了他用毕生心血求得的 35 位小数的 π 值：π≈3.14159265358979323846264338327950288。

看来，把一件事做到极致就是伟大！鲁道夫的这种精神让很多人钦佩，

德国人也常称 π 为"鲁道夫数"。到今天，人们已经把鲁道夫的工作向前推进了很多，计算圆周率也已经成为考察计算机运算能力的一个方式。

我的学习体会

我的疑问

巧测金字塔的高度

阅读指导要点提示

❖ 学习目标

1. 通过阅读，了解泰勒斯测量金字塔的方法，增长见识，理解泰勒斯测量金字塔的方法背后的道理，能够用比例方法解决相关的简单实际问题。

2. 体会数学与生活的密切联系，发展应用意识。

❖ 实施要点

1. 创设情境，激发学生的阅读兴趣。

2. 自主阅读。给学生充分的时间去独立阅读"阅读单"，把学生之间的差异作为重要的课程资源，注重"兵教兵"，尤其要关注后进生的学习困难，及时给予指导与帮助。

3. 全班交流。反馈、交流"探究任务"的解答方法与答案，以及"我的学习体会"和"我的疑问"。教师适时进行点拨与引导。

❖ 知识链接

泰勒斯

泰勒斯是公元前7—前6世纪的古希腊时期的思想家、科学家、哲学家，希腊最早的哲学学派——米利都学派（也称爱奥尼亚学派）的创始人；也是希腊七贤之首，西方思想史上第一个有名字留下来的思想家，被称为"科学和哲学之祖"。

在哲学方面，泰勒斯是古希腊第一个提出"什么是万物本原"这个哲学问题的人，被称为"哲学史上第一人"。

在科学方面，泰勒斯曾利用日影来测量金字塔的高度，数学上的泰勒斯定理以他的名字命名。他对天文学亦有研究，准确预测了公元前585年发生的日食；确认了小熊座，被指出其有助于航海事业。同时，他是首个将一年的长度修定为365日的希腊人。他亦曾估量太阳及月球的大小。

泰勒斯在天文学、数学、哲学等方面都有着巨大的建树。他所提出的理论、定理一直沿用至今。他为后世的科学发展奠定了基础，被后人誉为人类历史上最早的科学家。他无愧于"科学之祖"的称号。

"巧测金字塔的高度"阅读单

公元前6世纪，在靠近爱琴海的米利都城（今天的土耳其西海岸），有一位学识渊博的学者，名叫泰勒斯。他对数学、哲学和自然科学都很有研究。他早年经商时，到过非洲的埃及，亚洲的巴勒斯坦、巴比伦（今天的伊拉克）、叙利亚和小亚细亚半岛等地方。他经常往返于地中海沿岸的各个港口，是一个见多识广、很有学问的人。

有一次，泰勒斯沿着尼罗河逆流而上到达埃及，他看到了一座座高大宏伟的金字塔。金字塔是一种方锥形建筑物，是古代埃及法老的陵墓，其中以胡夫的金字塔最大。据专家估计，如果将砌成胡夫金字塔的石块凿成像篮球大小的小石块，并把它们沿地球赤道排成一行，其长度约相当于地球赤道的 $\frac{2}{3}$，也就是约26000千米。

当时，在金字塔前游览的人没有一个人知道这些金字塔的高度。金字塔又高又陡，况且又是法老们的陵墓，出于敬畏心理，没人敢登上去进行测量。所以，要精确地测出它们的高度，并不容易。泰勒斯手提着拐杖，一边漫步，一边思考着怎样才能求出金字塔的高度。当他看到地面上长长的金字塔的影子时，顿时眼前一亮，凭借着渊博的数学知识，他马上想到了一个测量金字塔高度的方法。据说，泰勒斯是世界上第一个测量出金字塔高度的人。

亲爱的同学们，你们知道泰勒斯是用什么方法测出金字塔高度的吗？

现在看来，泰勒斯所用的方法真是再简单不过了。他站在金字塔前，阳光把他的影子投在地面上。每过一会儿，他就让人测量他影子的长度，当测量值与他的身高完全吻合时，他立刻将金字塔在地面的投影处做一记号，然后再测量出金字塔底到投影尖顶的距离。这样，他就计算出了金字塔确切的高度。

如果身高与影长的比不是 1∶1，你还能测出金字塔的高度吗？相信你看完下面这个科学小组的实验，一定能找到办法。

❖ **探究任务一**

学校科学小组在同一时间、同一地点进行观察实验，测得竹竿的高与竿影的长，如下表所示。

竹竿的高（米）	1	2	3	4	6	8
竿影的长（米）	0.4	0.8	1.2	1.6	2.4	3.2

1. 在下面写一写竿影的长与竹竿的高的变化关系。

2. 写出竿影的长与竹竿的高的比，你有什么发现？

3. 竹竿的高与竿影的长是不是成正比例？说明理由。

现在你知道假如身高与影长的比不是 1∶1，该怎么测量金字塔的高度了吗？

千年前，泰勒斯就能用这样简单明了的方法测量出金字塔的高度，确实很了不起。从这里也可以看出，"知识就是力量"，只要掌握了数学知识，用数学的思维去思考问题，就能用看似很简单的方法解决生活中很多难以解决的问题。

❖ **探究任务二**

小兰的身高是 1.5 米，她的影长是 2.4 米。如果同一时间、同一地点测得一棵树的影子长 4 米，这棵树有多高？

我的学习体会

我的疑问

迷人的"黄金比"

阅读指导要点提示

❖ 学习目标

1.了解"黄金比",体会"黄金比"在生活中的应用,提高计算能力,增强应用意识。

2.体会数学与生活的密切关系,开阔视野,增长见识。

❖ 实施要点

1.情境激趣。调查学生对几种规格长方形的观感,激发学生阅读"迷人的'黄金比'"阅读单的兴趣。

2.自主阅读。给学生充分的时间去独立阅读"阅读单",把学生之间的差异作为重要的课程资源,注重"兵教兵",尤其要关注后进生的学习困难,及时给予指导与帮助。

3.全班交流。反馈、交流"探究任务"的完成情况,以及"我的学习体会"和"我的疑问"。教师释疑解惑。

❖ 知识链接

黄金分割

古希腊数学家欧多克索斯提出了一个线段分割方法:把一条线段分成两部分,如果较短部分与较长部分长度之比等于较长部分与整体长度之比,这样的线段分割就是黄金分割，这样的比称为黄金比，其比值是（$\sqrt{5}$ +1）：2。取其小数点后三位的近似值，是 0.618。黄金分割奇妙之处在于，其比例与其倒数一样。比如，1.618 的倒数是 0.618，而 1.618：1 与 1：0.618 是一样的。

黄金分割具有严格的比例性、艺术性、和谐性，蕴藏着丰富的美学价值，而且呈现于不少动物和植物的外观。比如，如果从一棵嫩枝的顶端向下看，就会看到其叶子是按照黄金分割的规律排列着。

在很多科学实验中，选取方案常用一种"0.618 法"，即优选法，它可以使我们合理地安排较少的试验次数，找到合理、合适的工艺条件。

"迷人的'黄金比'"阅读单

我们在生活中会见到各种各样的长方形，比如，数学书的封面是长方形，教室的地面是长方形，书桌的桌面是长方形等。那么，什么样的长方形看起来最美呢？其实，这个问题早已经引起人们的兴趣。

100 多年前，德国心理学家费希纳做过一次别出心裁的实验，这个实验被命名为"长方形展览会"。费希纳精心制作了各种长、宽比例不同的长方形，邀请了数百人前往参观，并请大家投票选出一个自认为最美的长方形。结果以下四种长方形入选。

长方形 A：宽 5 厘米，长 8 厘米；

长方形 B：宽 8 厘米，长 13 厘米；

长方形 C：宽 13 厘米，长 21 厘米；

长方形 D：宽 21 厘米，长 34 厘米。

❖ **探究任务一**

请你分别计算出以上四种长方形的宽与长的比值（除不尽的保留三位小数）。你发现这几个比值有什么共同特点？

长方形 A：＿＿＿＿＿＿＿＿＿＿＿＿＿＿＿＿＿＿＿＿＿＿

长方形 B: _____

长方形 C: _____

长方形 D: _____

我发现:

大约公元前 500 年,古希腊的毕达哥拉斯学派也对此做过深入的研究。他们发现当长方形的宽与长的比值为 0.618 时,长方形的形状最美。这是为什么呢?原来,美感的产生跟黄金分割有关。将一条线段分成两部分,使较长的一部分与全长的比等于较短部分与较长部分的比,这个比被公认为是最能引起美感的比,称为黄金比,这个比值约为 0.618。如下图,当线段 *AP* 和 *PB* 满足上述比例关系时,*P* 点被称作"黄金分割点"。

$$A \quad\quad\quad\quad\quad P \quad\quad B$$

一般来说,黄金比是小部分占大部分或者大部分占整体的绝妙比例。因此,人们为了追求优美的视觉感受,在设计艺术作品时都含有黄金比这一因素。比如,古希腊首都雅典娜卫城的中心,耸立着一座巍峨的建筑——帕台农神庙,神庙矗立在卫城的最高点,高 19 米,东西长 31 米。神庙的高与长的比是 19∶31,约是 0.613∶1,接近黄金比 0.618∶1。

❖ **探究任务二**

法国巴黎的埃菲尔铁塔是首都巴黎的地标性建筑,在距离地面 115 米处设计了第二层平台(如右图),请你计算一下第二层平台以上的高度与铁塔高度的比值是多少?你有什么发现?

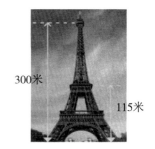

300米

115米

计算:(300–115)÷300=

我发现:

现代科学研究表明，0.618 的位置经常成为自然界乃至生活的最佳状态。稍微留心一下，你会发现，联欢会主持人站在舞台黄金分割点的位置会更显风采，若站在正中间，反而会显得呆板。拍摄照片时，建议你把要拍摄的人或景放在黄金分割点处，效果肯定优于放在其他各处。

你知道爱美的女性为什么喜欢穿高跟鞋吗？这是因为穿上高跟鞋会让自己的腿显得更长，这样下半身的长度与身高的比更接近黄金分割比，会显得更美！芭蕾舞演员常常踮着脚尖跳舞也是同样的道理。

❖ 探究任务三

A4 纸是常用的打印纸，实际尺寸是 210 毫米 × 297 毫米，宽与长的比值约是（　　）（保留三位小数），这个比接近"黄金分割比"吗？（　　）（填"是"或"不是"）

这是为什么呢？因为按照国际通用标准，A0 纸被定义为 1 平方米，尺寸为 841 毫米 × 1189 毫米；A1 纸是把 A0 纸对折，即 594 毫米 × 841 毫米；A2 纸是把 A1 纸对折；A3 纸是把 A2 纸对折；A4 纸是把 A3 纸对折……。

可见，像这样不断将长边对折分割并不会改变原来的比例关系，且在大量的生产过程中不会造成任何的纸张浪费。因此，相对于能带来更多美感的"黄金分割比"来说，A4 纸宽与长的比是更节省纸张的比，也是更环保的比。

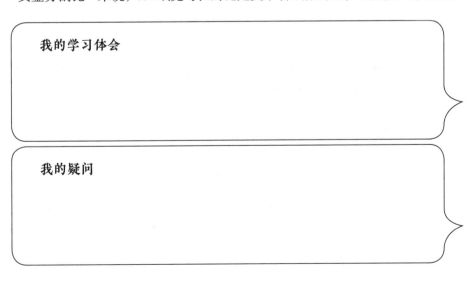

我的学习体会

我的疑问

车费怎样分摊才合理

阅读指导要点提示

❖ 学习目标

1. 经历运用按比例分配知识解决生活中的"车费分摊"问题，加深对数学知识的理解，体会数学的应用价值。

2. 体会数学与生活的密切关系，开阔视野，增长见识。

❖ 实施要点

1. 创设情境，激发学生阅读的兴趣。

2. 自主阅读。给学生充分的时间去独立阅读"阅读单"，把学生之间的差异作为重要的课程资源，注重"兵教兵"，尤其要关注后进生的学习困难，及时给予指导与帮助。

3. 全班交流。反馈、交流"探究任务"的完成情况，以及"我的学习体会"和"我的疑问"。教师释疑解惑，并做必要的讲解与点拨。

❖ 知识链接

按比例分配

把一个数量按照一定的比来进行分配，这种分配方法通常叫作按比例分配。从分配的比率可以看出，平均分（即按 1∶1 分配）是按比例分配的特殊情况。

解题时，确定分配总量和分配的比是关键。按比例分配的方法是，将已知整数比或者分率比变为按份数分配，把比的各项相加得到总份数，各项与总份数的比就是各个部分量在总量中所占的份数，由此可以求得各个部分量。

"车费怎样分摊才合理" 阅读单

〜〜〜〜〜〜〜〜〜〜〜〜〜〜〜〜〜

目前，我国大中城市的公共交通工具以公交车、地铁为主，但乘坐"网约车"的也不少。"网约车"有专车、快车等，有一些人为了省钱会选择"拼"车，最后大家分摊车费。我们先看下面的例子。

有一天，甲、乙、丙三人合"拼"一辆"网约车"，事先讲好大家分摊车费。甲在全部行程的 $\frac{1}{3}$ 处下车，开到 $\frac{2}{3}$ 处乙也下车了，最后，仅有丙一人坐到终点，共付了 90 元车钱。请你算算：甲、乙两人应该付给丙多少车钱才合理？

每人各拿 30 元，显然不合理，为此他们商量按照三人乘坐的距离来负担车费。

❖ **探究任务一**

甲、乙、丙三人乘车距离的最简整数比是（　　　）：（　　　）：（　　　）。

甲应付的钱数是：

乙应付的钱数是：

丙应付的钱数是：

不过，这样的分法虽然考虑了每人乘车的距离，但是并未考虑某段距离乘坐的人数，还是存在不合理之处。

❖ **探究任务二**

有人提出了另外一种分摊车费的方法：

开始的 $\frac{1}{3}$ 路程：付 30 元，由甲、乙、丙三人平均分摊，每人各付（　　　）元；

中间的 $\frac{1}{3}$ 路程：付 30 元，甲下车了，由乙、丙两人平均分摊，每人各付（　　）元；

最后的 $\frac{1}{3}$ 路程：付 30 元，甲和乙都下车了，由丙一人承担。

按照这样的分摊方案，三人应付的钱数是：

甲：

乙：

丙：

你觉得这种分摊车费的方案公平吗？请你按照第二种的分摊方案，继续完成下面的探究任务。

❖ **探究任务三**

两个人拼车"打的"。第一位乘客坐了 4 公里就下车，第二位乘客还要继续坐 4 公里才下车，最后的车费一共是 24 元。请问两个人该如何分摊车费才最公平呢？

我的学习体会

我的疑问

如何分配遗产

阅读指导要点提示

❖ 学习目标

1. 通过阅读、探究，理解用按比例分配方法解决"分配遗产"的实际问题，加深对数学知识的理解，体会数学的应用价值。

2. 体会数学与生活的密切关系，开阔视野，增长见识，增强学习数学的兴趣。

❖ 实施要点

1. 创设情境，激发学生阅读的兴趣。

2. 自主阅读。给学生充分的时间去独立阅读"阅读单"，把学生之间的差异作为重要的课程资源，注重"兵教兵"，尤其要关注后进生的学习困难，及时给予指导与帮助。

3. 全班交流。反馈、交流"探究任务"的完成情况，以及"我的学习体会"和"我的疑问"。教师做必要的讲解、点拨与提升。

❖ 知识链接

按比例分配问题的解题思路

遇到按比例分配相关问题时，主要有以下三种情形：

1. 已知分配比时，要明确分配总量。如果总数量不是几个部分量的总和时，需要进行计算、转换、调整后，再按比例进行分配。

2. 当已知三个量中的两个量两两相比时，需要将两两相比的中间量的份数转化为相同的份数，将两个比转化为三个量的连比，再按比例进行分配。

3. 当已知与总数量相关联的两个量的比时，应根据基本的数量关系式把两个关联量的比转化为分配比，再按比例进行分配。

"如何分配遗产"阅读单

传说古罗马帝国有一位富商，善于经营，家财万贯，但遗憾的是他和妻子结婚多年一直没有孩子。后来，他的妻子终于怀孕了。他万分高兴，计划在妻子生孩子之前再出去做一笔生意就在家安心伺候妻子生产。但天有不测风云，他在外出时遭遇了严重事故，临终前给怀孕的妻子留下了这样一份遗嘱：

如果生下来的是男孩，就把遗产按 2∶1 进行分配，儿子得 2 份，母亲得 1 份；如果生下来的是女孩，也把遗产按 2∶1 进行分配，母亲得 2 份，女儿得 1 份。

结果，富商的妻子生下一对龙凤胎：一个男孩，一个女孩。这倒是富商生前没有考虑到的。那么，怎样才能按遗嘱的条件，把遗产分给两个孩子和他们的母亲呢？

据说，当时有一个数学家巧妙地运用按比例分配的方法解决了这个难题。他是怎么分的呢？

根据遗嘱，儿子和母亲的遗产分配比是 2∶1，母亲和女儿的遗产分配比也是 2∶1。同样是母亲，在第一个比里面和在第二个比里面得到遗产的份数是不一样的，要把两个比转化成三个数的连比，就要把母亲得到的遗产在每个比中所占的份数变得相同才行（即统一"中间量"）。

这位数学家将儿子与母亲的比 2∶1 转化为 4∶2，这样在两个比里，母亲得到的遗产都是 2 份，所以儿子、母亲和女儿得到遗产的比应该是 4∶2∶1。这样就可以顺利地分配遗产了。

❖ **探究任务**

1. 假如这位富豪的遗产一共是 2800 万古罗马币，请你计算出儿子、母亲和女儿各分到多少遗产。

2. 一个书架有三层，书架上共有 540 本图书，上层和中层的图书本数的比是 4∶5，中层和下层的图书本数的比是 10∶9，问上、中、下层各有图书多少本？

（提示：两个比中都出现了"中层"，第一个比里面中层的图书本数对应的是 5 份，第二个比里面中层的图书本数对应的是 10 份，可以先把每个比中的"中层"的份数变为相同，再把两个量的比转化成三个量的连比。）

3. 学校体育器材室里排球与足球个数的比是 9∶10，足球与篮球个数的比是 5∶7，已知篮球与排球共有 69 个，求篮球比足球多多少个？

（提示：两个比中都出现了足球，可以先把两个比中"足球"的份数变为相同，再把几个量的比连接起来。）

4. 冲咖啡很有讲究，一般情况下，当咖啡粉、糖、水的比为 2∶3∶25 时，符合大部分人的口味。现在有咖啡粉、糖和水各 600 克，当糖全部用完时，咖啡粉还剩多少克？还差多少克水？

我的学习体会

我的疑问

寻找黄金螺旋的密码

阅读指导要点提示

❖ 学习目标

1. 通过阅读，认识黄金螺旋线跟斐波那契数列的关系，能够根据数列画出黄金螺旋线，体会数学与生活的密切关系。

2. 欣赏自然界中存在斐波那契螺旋线的图案，开阔视野，增长见识，体验数学中的美，增强学习数学的兴趣。

❖ 实施要点

1. 创设情境，激发学生阅读的兴趣。

2. 自主阅读。给学生充分的时间去独立阅读"阅读单"，把学生差异作为重要的课程资源，注重"兵教兵"，尤其要关注后进生的学习困难，及时给予指导与帮助。

3. 全班交流。反馈、交流"探究任务"的完成情况，以及"我的学习体会"和"我的疑问"。教师释疑解惑。

❖ 知识链接

斐波那契螺旋线

斐波那契螺旋线，也称黄金螺旋线，是根据斐波那契数列（又称黄金分割数列）画出来的螺旋曲线。作图规则是在以斐波那契数为边的正方形拼成的长方形中画一个 90° 的扇形，连起来的弧线就是斐波那契螺旋线（如下图）。

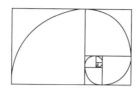

自然界中存在许多斐波那契螺旋线的图案，是自然界最完美的经典黄金比例。

"寻找黄金螺旋的密码"阅读单

著名科学家爱因斯坦曾经说：这个世界可以由音乐的音符组成，也可以由数学公式组成。很多人觉得数学很无聊，是因为还没有发现数学的奇妙和乐趣，大自然中存在很多数学知识，任何一个都能令人感叹大自然的鬼斧神工。

同学们，我们先来欣赏两幅图：

感觉怎么样，这些图片是不是看上去很和谐、很漂亮？知道是什么原因吗？原来，它们里面都藏着一条斐波那契螺旋线（如下图）。

人类的耳朵形状也符合斐波那契螺旋线的规律，这样的构造可以帮助人类更好地接收声波（如下图）。

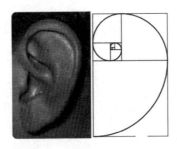

　　研究飓风的卫星云图发现，它也呈螺旋形（如下图）。

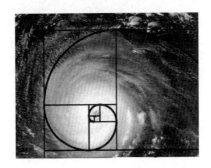

❖ 探究任务一

　　1.怎样画斐波那契螺旋线呢？

　　分析：先画一个边长 1 厘米的正方形，然后在正方形里面画一个 90° 的扇形（也就是圆形的 $\frac{1}{4}$）；再挨着这个正方形画一个边长 2 厘米的正方形，然后在它里面画一个 90° 的扇形；再挨着这个正方形画一个边长 3 厘米的正方形，然后在它里面画一个 90° 的扇形；再挨着这个正方形画一个边长 5 厘米的正方形，然后在它里面画一个 90° 的扇形……

2.把这些正方形的边长从小到大排列起来:(　　　)(　　　)(　　　)
(　　　)(　　　)……

怎么样?发现什么秘密了吗?

我发现:

对了,把所画正方形的边长按顺序排列起来形成一个数列,每一项都等于前两项之和,这个数列就是由意大利数学家莱昂纳多·斐波那契所发现的斐波那契数列,也叫兔子数列。上面那些漂亮的图片中就藏着斐波那契数列呢!

如果用以斐波那契数列为边的正方形拼长方形,然后在每个正方形里画一个 90°的扇形,就形成了斐波那契螺旋线。

可是,斐波那契螺旋线为什么看起来这么美呢?我们继续往下探究。

❖ 探究任务二

分别用斐波那契数列中的前一项除以后一项,看看会有什么发现?(除不尽的保留三位小数)

1÷2=

2÷3=

3÷5=

5÷8=

8÷13=

13÷21=

21÷34=

……

我发现:越往后算,计算结果越接近(　　　)。

怪不得斐波那契螺旋线那么美,原来它里面藏着黄金分割比!所以斐波那契螺旋线也叫黄金螺旋线。

我们的生活如此美妙多姿，而这份美跟我们数学中的斐波那契螺旋线有着密不可分的关系，是不是很神奇？

我的学习体会

我的疑问

古算趣题：韩信点兵

阅读指导要点提示

❖ 学习目标

1. 经历解决"韩信点兵（物不知数）"问题的探索过程，了解列举法、化繁为简等数学方法，培养分析问题、解决问题的能力。

2. 通过阅读，了解"韩信点兵（物不知数）"问题的由来，开阔数学视野，增强学习数学的兴趣。

❖ 实施要点

1. 创设情境，激发学生阅读的兴趣。

2. 自主阅读。给学生充分的时间去独立阅读"阅读单"，把学生之间的差异作为重要的课程资源，注重"兵教兵"，尤其要关注后进生的学习困难，及时给予指导与帮助。

3. 全班交流。反馈、交流"探究任务"的完成情况，以及"我的学习体会"和"我的疑问"。教师释疑解惑，并做必要的讲解、点拨与提升。

❖ 知识链接

中国剩余定理

中国剩余定理又称孙子定理，是数论中一个重要定理。在 1500 多年前的《孙子算经》中，有这样一道算术题："今有物不知其数，三三数之剩二,五五数之剩三，七七数之剩二，问物几何？"意思就是：一个数除以 3 余 2，除以 5 余 3，除以 7 余 2，求这个数。这样的问题，叫作"物不知数"问题，也有人称为"韩信点兵"。它形成了一类问题，也就是初等数论中的解同余式。值得我们中国人自豪的是，这个定理的提出比西方早了 1000 多年。

韩信点兵

"韩信点兵"的成语来源于江苏淮安的一个民间传说，常与"多多益善"搭配，即"韩信点兵，多多益善"，寓意是越多越好。

汉王刘邦问手下的大将军韩信："你觉得我可以带兵多少？"

韩信回答："最多十万。"

刘邦不解地问："那你呢？"

韩信自豪地说："越多越好，多多益善嘛！"

刘邦半开玩笑半认真地说："那我不是打不过你？"

韩信说："不，主公是驾驭将军的人才，不是驾驭士兵的，而将军是专门训练士兵的。"

"古算趣题：韩信点兵"阅读单

秦朝末期，楚汉相争。汉初三杰之一的大将军韩信有一次带 1500 名汉军与楚军打仗，楚军不敌，败退回营，韩信的汉军也战死了好几百人。于是，韩信整顿剩余兵马准备返回大营。

当行至一个山坡时，有楚军骑兵追来。只见远处尘土飞扬，杀声震天。汉军本来已十分疲惫，这时不免惊慌。韩信骑马到山顶，看见来敌不足五百骑，便急速点兵应敌。

为了快速统计出剩余士兵的人数，韩信令士兵 3 人一排，发现多出了 2 人；5 人一排，则多出了 4 人；7 人一排，则多出了 6 人。韩信据此很快向将士们宣布："我军有 1049 名勇士，敌人不足 500，我们居高临下，以众击寡，一定能打败敌人。"汉军本来就十分信服"百战百胜"的韩信，今天又发现韩信能如此"神算点兵"，就更加相信韩信是"天神下凡，神机妙算"。于是士气大振，鼓声喧天。在接下来的战役中，汉军奋勇迎战、勇猛冲锋，杀得楚军大败而逃。韩信由此名扬天下，被后世誉为"兵仙""神帅"。

同学们，你们知道韩信是如何神机妙算、快速点兵的吗？"韩信点兵"问题可以用现代数学语言描述如下：士兵人数除以3余2，除以5余4，除以7余6。也就是说，如果再多1人，即可凑成整排。士兵人数应有1000~1100人，$3 \times 5 \times 7 \times 10-1=1049$（人）。

下面，就让我们来学习做一回"小韩信"吧。

❖ **探究任务**

1.学校合唱社团排练，如果每3人站成一排，最后一排只有1人；每5人站成一排，最后一排只有1人；每7人站成一排，最后一排只有1人。你能推算出这个合唱社团最少有几人吗？

2.学校健美操社团排练，如果每3人站成一排，人数不多不少；每5人站成一排，最后一排还少2人；每7人站成一排，最后一排只有3人。你能推算出这个队伍至少有几人吗？

3.一个数，除以5余1，除以3余2。问这个数最小是多少？
（提示：可以先满足一个条件，再满足另一个条件。）

"韩信点兵"问题是古代名题，又称为"物不知数"问题。近现代还有许多有趣的数学命题，如"七桥问题""四色问题""牛吃草问题"等，有兴趣的同学不妨去研究一下吧。

　　我的学习体会

　　我的疑问

"石头、剪刀、布"公平吗

阅读指导要点提示

❖ 学习目标

1.经历探索"石头、剪刀、布"游戏是否公平的过程，理解并掌握用分数表示可能性大小的方法，并能用这种方法解决现实生活中的可能性大小问题。

2.会用数学的眼光观察现实世界，会用数学的思维思考现实世界，体会数学的严谨，发展理性思维与科学态度。

❖ 实施要点

1.创设游戏情境，激发学生阅读的兴趣。

2.自主阅读。给学生充分的时间去独立阅读"阅读单"，把学生之间的差异作为重要的课程资源，注重"兵教兵"，尤其要关注后进生的学习困难，及时给予指导与帮助。

3.全班交流。反馈、交流"探究任务"的完成情况，以及"我的学习体会"和"我的疑问"。教师释疑解惑，并做必要的讲解、点拨与提升。

❖ 知识链接

石头、剪刀、布（猜拳游戏）

"石头、剪刀、布"，或"猜拳""猜丁壳"，是由中国人发明的一种古老而简单的游戏。这个游戏主要是为了解决争议。游戏规则中，石头克剪刀，剪刀克布，布克石头。因为三者相互制约，因此不论平局几次，总会有胜负的时候。

为了在比赛中胜出，游戏者总结出很多有趣的战略。其中，最著名的当属"剪刀战略"。2005 年，"剪刀战略"使得克里斯蒂拍卖行赢得了价值 1000 万英镑的交易。那一年，一名日本艺术收藏家想拍卖一幅印象派大师画作，克里斯蒂拍卖行和竞争对手苏富比拍卖行都想获得这幅佳作的拍卖权。这让日本收藏家左右为难，最后，他想出了一个妙招——让这两家拍卖行通过剪刀、石头、布的游戏决出胜负。克里斯蒂拍卖行向员工寻求意见，后来，他们接受了公司一位主管 11 岁女儿的建议，选择出剪刀。这个小女孩平时十分喜爱这种游戏，她煞有其事地解释说："因为每个人都以为你会出石头。"果然，不出小女孩所料，苏富比拍卖行果然以为克里斯蒂拍卖行想要出石头，结果选择出布，克里斯蒂拍卖行听从小女孩的建议，出了剪刀，苏富比拍卖行就这样无奈地退出竞争。

"'石头、剪刀、布'公平吗"阅读单

课间活动时，淘气和阳阳在教室里玩"石头、剪刀、布"的游戏，声音有些吵，"噪音管理员"笑笑提醒了好几次也没有效果，于是，笑笑冲着他们说："你们发出噪音，提醒了几次也不听，我要把你们的表现记在《班级日志》上了。"记在《班级日志》上多丢人呀！这可把淘气和阳阳吓坏了，赶紧向笑笑求饶。

聪明的笑笑灵机一动，对他俩说："这样吧，给你们一个将功补过的机会。我提一个学习上的问题，你们要是能答上来，就原谅你们这一次。行不行？"

"只要不记在《班级日志》上，别说提一个问题，提几个都行！"阳阳和淘气赶忙说。

笑笑说："这几天我们刚刚学习了游戏公平，你们玩的这个石头、剪刀、

布的游戏公平吗？"

淘气和阳阳不约而同地说："当然是公平的，否则我们怎么可能经常用这种方式决定谁输谁赢呢？"

笑笑说："那你们谁来说一说，为什么它是公平的呢？能讲讲理由吗？"这个问题一下子难住了淘气和阳阳，他们开始绞尽脑汁地思考了起来。

阳阳说："我觉得可以先把两个人可能的猜拳结果列出来，看看两人输赢的情况各有几种。"

"对，对，可以列个表格。"淘气说完就迫不及待地画了表格。

阳　阳	剪刀	剪刀	剪刀	石头	石头	石头	布	布	布
淘　气	剪刀	石头	布	剪刀	石头	布	剪刀	石头	布
结　果	平局	淘胜	淘输	淘输	平局	淘胜	淘胜	淘输	平局

"从表中可以看出，一次猜拳一共有 9 种可能的情况，其中淘气有 3 种获胜的可能，可能性是 $\frac{1}{3}$；我也有 3 种获胜的可能，可能性也是 $\frac{1}{3}$。所以这种方式是公平的。"阳阳说。

笑笑向他们竖起来大拇指，表示赞许："这种方法非常清楚地列出了你们两人猜拳可能会出现的所有结果，所以你们俩获胜的可能性都是 $\frac{1}{3}$。很不错！这次就不记录了，下次要注意哟！"

❖ **探究任务**

1. 一个正方体骰子的 6 个面上分别标着数字 1、2、3、4、5、6，笑笑和淘气两人规定：两人分别掷骰子，若骰子朝上的点数大于 4 则笑笑赢；若骰子朝上的点数小于 4 则淘气赢。

（1）这样的游戏规则公平吗？为什么？

（2）如果不公平，要怎样修改游戏规则呢？

2.淘气、笑笑和阳阳三位同学一起玩"抓特务"游戏。可是，三人谁也不想当"特务"，于是三人决定通过抽签确定谁当"特务"。他们三人都觉得第一个抽签的人当"特务"的可能性最大，都不肯先抽。你能判断出是先抽签当"特务"的可能性大，还是后抽签当"特务"的可能性大吗？写出理由。

我的学习体会

我的疑问

解答复杂百分数问题的"妙招"

阅读指导要点提示

❖ 学习目标

1. 在探索解决百分数问题的过程中，理解可以通过转化单位"1"的量或者转化数量关系，找到解题思路，能运用转化方法解决简单的实际问题。

2. 体会转化思想方法的运用，发展分析问题、解决问题的能力，开阔学生的思维。

❖ 实施要点

1. 创设情境，激发学生阅读的兴趣。

2. 自主阅读。给学生充分的时间去独立阅读"阅读单"，把学生之间的差异作为重要的课程资源，注重"兵教兵"，尤其要关注后进生的学习困难，及时给予指导与帮助。

3. 全班交流。反馈、交流"探究任务"的完成情况，以及"我的学习体会"和"我的疑问"。教师释疑解惑，并做必要的讲解与点拨。

❖ 知识链接

恩格尔系数

百分数已普遍应用于各行各业，用百分率可以进行数据分析。早在 19 世纪，德国统计学家恩格尔根据消费结构的统计资料，得出一个规律：一个家庭收入越低，家庭总支出中用于购买食物的支出所占的比例越大；随着家庭收入的增加，家庭总支出中用来购买食物的支出比例会下降。

在国际上，这一指标常常用来衡量一个国家和地区人民生活水平的状况：一个国家生活越贫困，恩格尔系数就越大；生活越富裕，恩格尔系数就越小。比较通行的国际标准认为，当一个国家平均家庭恩格尔系数大于 60% 为贫穷，50%~60% 为温饱，40%~50% 为小康，30%~40% 属于相对富裕，20%~30% 为富足，20% 以下为极其富裕。

从长期来看，中国的恩格尔系数下降是必然的结果，这是因为随着中国人均收入的增多，当基数积累到一定的程度之后，大家在食物上面的支出占比一定会下降。虽然会有从吃饱到吃好的一定程度的转移或者偏向增长，但是从总体上来说，恩格尔系数下降将会是大势所趋。

"解答复杂百分数问题的'妙招'"阅读单

班里不少同学都感觉最近学习的百分数问题有些难。有些题目，一会儿单位"1"未知，一会儿单位"1"已知，特别是遇到单位"1"的量不统一的题目，更是令不少同学头痛不已。有没有解答此类百分数问题的妙招呢？下面我们看一个具体的例子吧。

实验小学开展向灾区捐款活动，三年级的捐款数是四、五年级捐款总数的 25%，四年级捐款数是三、五年级捐款总数的 $\frac{1}{3}$，已知三年级比四年级少捐款 300 元，三个年级一共捐款多少元？

从上面的题目中可知，这道题中的单位"1"是不固定的，25% 是把（　　　）看作单位"1"，而 $\frac{1}{3}$ 则是把（　　　）看作单位"1"。但仔细分析就会发现，这道题中也有一个不变的量，即三个年级的捐款总数。如果能把两个分数的单位"1"统一成"三个年级的捐款总数"，这道题就容易解答了。

我们先看 25% 这个数。三年级捐款数是四、五年级捐款总数的 25%，也就是 $\frac{1}{4}$，可以把四、五年级捐款的总数看成 4 份，那么三年级捐款数就是 1 份，三个年级的捐款总数就是 5 份，那么三年级捐款钱数就是三个年级捐款总数的 $\frac{(\quad)}{(\quad)}$。照这样的思路，我们再看 $\frac{1}{3}$ 这个数。把三、五年级的捐款总数看作 3 份，四年级的捐款数是 1 份，则四年级捐款钱数占三个年级捐款总数的 $\frac{(\quad)}{(\quad)}$。然后，再找到题目中的等量关系"(   ) − (   ) = 300"，就可以列方程来解答了。

请把下面的解答过程补充完整。

解：设三个年级的捐款总数为 x 元。

回顾刚才的学习过程，你发现解答百分数问题的"妙招"了吗？

是的，解题"妙招"就是把不同的单位"1"转化成统一的单位"1"。

❖ **探究任务**

1. 牛的头数比羊的只数多 25%，羊的只数比牛的头数少百分之几？

（提示：先把百分数问题转化成"比"的问题，求出"牛的头数和羊的只数之比"，就可以用各自的份数代表各自的数量。）

2. 笑笑三天看完一本书，第一天看了全书的 25%，第二天看了余下的 40%，第二天比第一天多看了 15 页。这本书共有多少页？

（提示：两个百分数的单位"1"不同，可以把"第二天看了余下的 40%"转化成"第二天看了全书的百分之几"。）

3. 有一批货物，第一天运了这批货物的 25%，第二天运的是第一天的 60%，还剩下 90 吨没有运，这批货物有多少吨？

我的学习体会

我的疑问

古算趣题：以碗知僧

阅读指导要点提示

❖ 学习目标

1. 经历用多种方法解决"以碗知僧"问题的过程，体会解决问题策略的多样化，感受方程解法的优越性。

2. 了解《算法统宗》古趣题，感受古代数学家的智慧，增强民族自豪感。

❖ 实施要点

1. 创设情境，激发学生阅读的兴趣。

2. 自主阅读。给学生充分的时间去独立阅读"阅读单"，把学生之间的差异作为重要的课程资源，注重"兵教兵"，尤其要关注后进生的学习困难，及时给予指导与帮助。

3. 全班交流。反馈、交流"探究任务"的完成情况，以及"我的学习体会"和"我的疑问"。教师释疑解惑，并做必要的讲解与点拨。

❖ 知识链接

《算法统宗》

《算法统宗》全称为《新编直指算法统宗》，是中国古代数学名著，明代数学家程大位所著。《算法统宗》是一部应用数学书，以珠算为主要的计算工具，列有 595 个应用题的数字计算，没有用筹算方法，而是用珠算演算。评述了珠算规则，完善了珠算口诀，确立了算盘用法，完成了由筹算到珠算的彻底转变。

从中国古代数学的整个发展过程来看，《算法统宗》是一部十分重要的著作。从流传的长久、广泛和深入程度来讲，任何一部数学著作都不能与其相比。

《算法统宗》里记载了许多古趣题。

● 题目1：和尚分馒头

原文：

一百馒头一百僧，大僧三个更无争。

小僧三人分一个，大小和尚各几丁？

大意是说：有 100 个和尚分 100 个馒头，正好分完。如果大和尚 1 人分 3 个，小和尚 3 人分 1 个，试问，大、小和尚各有几人？

● 题目2：尖头几盏灯

原文：

远望巍巍塔七层，红光点点倍加增。

共灯三百八十一，请问尖头几盏灯？

大意是说：一座 7 层塔里共挂了 381 盏灯，且相邻两层中的下一层灯数是上一层灯数的 2 倍，试问，塔的顶层共有几盏灯？

"古算趣题：以碗知僧"阅读单

我国古代有许多著名的数学著作，比如《周髀算经》《九章算术》《孙子算经》等，今天给大家介绍一本明代的数学名著——《算法统宗》。

《算法统宗》是我国明代数学家程大位的一部著作。在这部著作里，许多数学问题都是以歌诀的形式呈现的。"以碗知僧"就是其中一首。

以碗知僧

巍巍古寺在山中，不知寺内几多僧。

三百六十四只碗，恰合用尽不差争。

三人共食一碗饭，四人共尝一碗羹。

请问先生能算者，都来寺内几多僧。

这首歌诀的大意是：山上有一古寺叫都来寺，在这座寺庙里，3 个和尚合吃一碗饭，4 个和尚合分一碗汤，一共用了 364 只碗。请问，都来寺里有多少个和尚？

❖ **探究任务一**

请你用自己喜欢的方法解答"以碗知僧"这个问题。

这道题的解法有多种，常见的有如下两种，看看跟你的想法一样吗？

解法一：解决本题的关键是找出人数和碗数之间的关系，从而列出方程，求出答案。

"三人共食一碗饭"，说明每人吃 $\frac{1}{3}$ 碗；"四人共尝一碗羹"，说明每人喝 $\frac{1}{4}$ 碗。

题目中的等量关系是：（　　　　）+（　　　　）=364。

解：设寺内有 x 个和尚。

$\frac{1}{3}x + \frac{1}{4}x = 364$（请你把方程解答完整）

解法二：

分析：题目中的已知条件是：（1）碗为 364 只；（2）3 人 1 碗饭 +4 人 1 碗羹。

由条件（2）可知，12 人 4 碗饭 +12 人 3 碗羹，也就是可以把 12 人看成 1 组，用 4+3=7 只碗。所以，364÷7=（　　　）组，因此，和尚人数就是（　　　）。

比较上面两种方法，你更喜欢哪一种？（　　　）

❖ **探究任务二**

我们将此古算题稍作改动，你还会解答吗？

巍巍古寺在山中，不知寺内几多僧。

一百九十五只碗，恰合用尽不差争。

两人共食一碗饭，三人共尝一碗羹。

请问先生能算者，灵隐寺内几多僧？

我的学习体会

我的疑问

万数归宗

阅读指导要点提示

❖ 学习目标

1. 理解整数、小数与分数概念本质上的一致性，体会认识数的过程中计数单位的核心作用。

2. 理解不同数学知识之间的实质性关联，形成数感和符号意识，以及事物之间是普遍联系的观念。

❖ 实施要点

1. 创设情境。引发学生探究"整数、小数、分数概念本质上的一致性"的兴趣。

2. 自主阅读。给学生充分的时间去独立阅读"阅读单"，把学生之间的差异作为重要的课程资源，注重"兵教兵"，尤其要关注后进生的学习困难，及时给予指导与帮助。

3. 全班交流。反馈、交流"探究任务"的完成情况，以及"我的学习体会"和"我的疑问"。教师释疑解惑。

❖ 知识链接

计数单位

计数单位是建构数的基础，所有数都是基于计数单位来建构的，或者说，数是基于计数单位组成的。

"计数单位"是针对个数与顺序的计量单位，如同长度计量单位1米、1分米，两者均是度量单位，前者通过抽象得到，后者借助工具得到。有了计数单位，就克服了逐个计数的繁琐与低效，提供了一个组（本质上是一个标准量、单位量），"一组一组地计数"，"一组"就是计数单位。

数的发展过程就是计数单位的发展过程。对于整数和小数，计数单位是万、千、百、十、个、十分之一（0.1）、百分之一（0.01）等，相邻两个计数单位之间的进率都是10。对于分数，计数单位就是分数单位。分数的计数单位之前没有明确的倍数关系，要先把不同的计数单位转化成相同的计数单位，才能进行分数大小比较和加减运算。无论是认识整数、分数还是小数，关键在于认识计数单位。

数的概念本质上的一致性

整数、小数、分数概念本质上的一致性体现为：不论是整数、小数还是分数，都是对数量的抽象。数的表示方法都是"数字＋数位"，表达内容都是"有几个计数单位"。例如：

$$314=3 \times 100+1 \times 10+4 \times 1$$
$$\frac{4}{3}=4 \times \frac{1}{3}$$
$$0.314=3 \times 0.1+1 \times 0.01+4 \times 0.001$$

与此对应，数的大小比较要在相同的计数单位上进行。

"万数归宗"阅读单

～～～～～～～～

亲爱的同学们，我们已经学习了整数、小数和分数，这些数之间有什么联系与区别呢？今天我们就来探讨这些问题。

❖ **探究任务一**

1. 照样子写一写：下面这些数是怎样组成的？表示的含义是什么？

（1）8508　　　　　　　　（2）$\frac{3}{5}$　　　　　　　　（3）8.508

（1）8508=8×1000+5×（　　　）+0×（　　　）+8×（　　　），表示 8508 是由 8 个千、5 个（　　　）、0 个（　　　）、8 个（　　　）组成的。

（2）$\frac{3}{5}$=3×（　　　），表示 3 个（　　　）。

（3）8.508=8×（　　　）+5×（　　　）+0×（　　　）+8×（　　　），表示 8.508 是由 8 个（　　　）、5 个（　　　）、0 个（　　　）、8 个（　　　）组成的。

2. 从数的组成上看，整数、小数和分数有什么共同之处？

上面的整数、分数和小数都可以表示成"几个几"的形式，第二个"几"是"千、百、十、一、$\frac{1}{5}$、0.1……"等，都是（　　　）；第一个"几"是说有几个这样的计数单位。

可以发现，虽然整数、分数、小数的外形不同，但其本质是一样的，都可以表示成"有几个（　　　）"。

❖ **探究任务二**

先分别比较每组数的大小，再从"计数单位"的角度，分析比较整数、小数与分数大小有什么异同。

（1）40、50、286、39　（2）0.8、0.6、0.3、0.09　（3）$\frac{3}{7}$、$\frac{5}{7}$、$\frac{2}{5}$、$\frac{1}{3}$

1. 第（1）组的四个数从小到大排列是（　　　）（　　　）（　　　）（　　　）。

如果计数单位相同，只需要比较计数单位的个数。40、50 和 39 比，最高位的计数单位都是（　　　），十位上的"3"小于十位上的"4"和"5"，所以（　　　）<（　　　）<（　　　）。

如果计数单位不同，就看谁的计数单位更大。286 的最高位是（　　　）位，计数单位是（　　　），比其他几个数的计数单位"十"更大，所以（　　　）最大。

2.第（2）组的四个数从小到大排列是（　　　）（　　　）（　　　）（　　　）。

如果计数单位相同，只需要比较计数单位的个数。0.8、0.6、0.3相比，它们的计数单位都是（　　　），十分位上的"3"小于十分位上的"6"和"8"，所以（　　　）<（　　　）<（　　　）。

如果计数单位不同，就看谁的计数单位更大。0.09的计数单位是（　　　），比其他几个数的计数单位（　　　）小，所以，（　　　）最小。

3.第（3）组的四个数从小到大排列是（　　　）（　　　）（　　　）（　　　）。

如果计数单位相同，只需要比较计数单位的个数。比如，$\frac{3}{7}$和$\frac{5}{7}$的计数单位都是（　　　），3个（　　　）小于5个（　　　），所以（　　　）<（　　　）。

如果分数的计数单位不同，就要先通分，化成相同的计数单位后再比较。$\frac{3}{7}$、$\frac{5}{7}$、$\frac{2}{5}$、$\frac{1}{3}$进行通分后分别是（　　　）（　　　）（　　　）（　　　），它们的计数单位都是（　　　），再比较相同计数单位的个数就可以了。

4.思考与发现。

（1）可以发现，数的大小比较与数的概念具有一致性。比较数的大小，就是比较（　　　）的大小以及相同（　　　）个数的多少。

（2）无论是整数、小数，还是分数，数的概念具有一致性，具体体现为：（　　　）是组成数的基础，认识数的关键就是认识（　　　）。

我的学习体会

我的疑问

加、减、乘、除这一家子

阅读指导要点提示

❖ 学习目标

1. 经历探究数的四则运算本质上的一致性的过程，深化对四则运算算理的理解，发展运算能力和推理意识。

2. 理解不同数学知识之间的实质性关联，形成事物之间是普遍联系的观念。

❖ 实施要点

1. 创设情境，激发学生探究"数的运算本质上的一致性"的兴趣。

2. 自主阅读。给学生充分的时间去独立阅读"阅读单"，把学生之间的差异作为重要的课程资源，注重"兵教兵"，尤其要关注后进生的学习困难，及时给予指导与帮助。

3. 全班交流。反馈、交流"探究任务"的完成情况，以及"我的学习体会"和"我的疑问"。教师释疑解惑。

❖ 知识链接

数的运算本质上的一致性

加法是所有运算的基础与核心，减法、乘法、除法都是在加法的基础上衍生出来的运算：减法是加法的逆运算，乘法是加法的简便运算，除法是减法的简便运算。因此，所有运算都可以化归为加法运算，加法是所有运算的基础与核心。

从运算算理的角度而言，分配律、交换律、结合律与等式的基本性质是所有算理的基础。从运算算法的角度而言，所有运算都可以还原成计数单位与计数单位运算、计数单位上的数字（本质上是计数单位的个数）与计数单位上的数字运算。

具体而言，加减法运算的一致性体现为：相同计数单位上的数字相加减，计数单位不变。乘法运算的一致性体现为：计数单位上的数字与计数单位上的数字相乘（得到新的计数单位的个数），计数单位与计数单位相乘（得到新的计数单位）。除法运算的一致性体现为：除法运算的本质是把计数单位的个数进行平均分，当较大的计数单位不够分时，要化成下一级的计数单位再继续分。除法运算时，计数单位与计数单位相除，计数单位上的数字与计数单位上的数字相除，再把所得的两个商相乘。

"加、减、乘、除这一家子"阅读单

亲爱的同学们，我们已经学习了整数、小数和分数的加减乘除四则运算，这些运算之间有什么联系呢？今天我们就来探讨这些问题。

❖ 探究任务一

1. 根据加法算式 4+4=8，可以写出减法算式 8-（　　　）-（　　　）=0；根据加法算式 6+2=8，可以写出减法算式 8-（　　　）-（　　　）=0。

比较对应的加减法算式，可以发现，加法与减法关系很密切。加法是把几个部分合成一个整体，减法是从（　　　）里去掉一部分。减法是加法的（　　　）运算。

2. 根据加法算式 4+4+4+4+4=20，可以写出乘法算式（　　　）×（　　　）=20。

比较加法和乘法算式，可以发现，加法与乘法关系很密切。乘法是把几个相同的部分合并成一个整体，是加法的（　　　）运算，本质上仍然是加法。

3. 根据乘法算式 4×2=8，可以写出除法算式（　　　）÷（　　　）=2。

比较乘除法算式，可以发现，乘法是把几个相同的部分合成一个整体，而除法是看一个整体里有多少个相同的部分，除法是乘法的（　　　）运算。

4. 根据减法算式 20-4-4-4-4-4=0，可以写出除法算式（　　　）÷（　　　）=5。

比较减法和除法算式，可以发现，减法与除法关系很密切。除法相当于对同一个数进行连续减，是具有相同减数的减法的简便运算。

加减乘除四则运算之间的关系可以表示成下图。

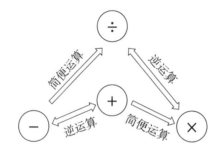

❖ **探究任务二**

先计算整数加法 135+48、小数加法 0.35+0.48、分数加法 $\frac{3}{5}+\frac{1}{8}$，再进行比较，你发现加减法的算理和算法有什么共同之处？

1. 135+48=100+30+5+40+8=1 个（百）+（3+4）个（　　　）+（5+8）个（一）=1 个（百）+7 个（　　　）+13 个（一）=1 个（　　　）+8 个（　　　）+3 个（　　　）=183。

整数加减运算，就是将每一个数按照计数单位进行分解，然后相同计数单位上的数字相加减，计数单位不变。

2. 0.35+0.48=0.3+0.4+0.05+0.08=3 个（0.1）+4 个（　　　）+5 个（　　　）+8 个（　　　）=7 个（　　　）+13 个（　　　）=8 个（　　　）+3 个（　　　）=（　　　）。

小数加减运算，也是相同计数单位上的数字（　　　），（　　　）不变。

3. $\dfrac{3}{5}$ + $\dfrac{1}{8}$ = (　　　) + (　　　) =24 个 (　　　) +5 个 (　　　) =29 个 (　　　) = (　　　)。

分数加减运算，如果计数单位不相同，需要先（　　　），化成计数单位相同的分数，再把相同计数单位上的数字（　　　），（　　　）不变。

综上可知，整数、小数、分数的加减法运算具有一致性，体现为：（　　　）相加减，（　　　）不变。

❖ **探究任务三**

先计算 300×20、0.3×0.2、$\dfrac{2}{3} \times \dfrac{3}{5}$，再进行比较，你发现乘法的算理和算法有什么共同之处？

1. 300×20

= (3× 　) × (2× 　)

= (3×2) × (　× 　)

=6×

=

可以发现，整数乘法运算要进行两类运算，计数单位与计数单位相乘，从而得到新的计数单位；计数单位上的数字与计数单位上的数字相乘，得到新的计数单位的个数。

2. 0.3×0.2

= (3× 　) × (2× 　)

= (3×2) × (　× 　)

=6×

=

可以发现，小数乘法是"披着小数外衣的整数乘法"，其算法与整数乘法几乎完全一样，同样是"（　　　）与（　　　）相乘，得到新的计数单位，（　　　）与（　　　）相乘，得到（　　　）"。

3. $\dfrac{2}{3} \times \dfrac{3}{5}$

$= (2 \times \quad) \times (3 \times \quad)$

$= (2 \times 3) \times (\quad \times \quad)$

$= 6 \times$

$=$

可以发现，分数乘法运算的算法与整数乘法一致，同样是"（　　　）与（　　　）相乘，得到新的计数单位，（　　　）与（　　　）相乘，得到（　　　）"。

综上可知，整数乘法、小数乘法和分数乘法运算具有一致性，体现为：（　　　）与（　　　）相乘，得到新的计数单位的个数，（　　　）与（　　　）相乘，得到新的计数单位。

❖ **探究任务四**

先计算 $1500 \div 4$、$11.2 \div 4$、$\dfrac{2}{7} \div 3$，再进行比较，你发现除法的算理和算法有什么共同之处？

1. $1500 \div 4$ 按照以下步骤进行运算：

（1）15 个（百）÷4=3 个（百）……3 个（百），把余下的 3 个百转化成 30 个十；

（2）30 个（十）÷4=（　　　）个（十）……2 个（十），把余下的 2 个十转化成 20 个一；

（3）20 个（一）÷4=（　　　）个（一）；

（4）将所有的商——3 个（百）、（　　　）个十、（　　　）个一组合起来，得到结果（　　　）。

可见，整数除法本质上就是计数单位的不断细分，即在继续除的过程中，将大的计数单位细分成小的计数单位，使计数单位的数量增加，从而能够继续除下去。

2. $11.2 \div 4$ 按照以下步骤进行运算：

（1）11 个（一）÷4=2 个（一）……3 个（一）；

（2）将余下的 3 个（一）转化成 30 个（　　），再与十分位上的 2 个
（　　）合并，得到 32 个（　　）；

（3）32 个（　　）÷4=（　　）个（　　）；

（4）将所有的商组合起来，得到结果（　　）。

可见，小数除法运算本质上也是计数单位的（　　），也就是在继续除
的过程中，将大的计数单位细分成（　　），使计数单位的数量（　　），从
而能够继续除下去。

3. $\frac{2}{7} \div 3$ 可以按照以下步骤进行运算：

$$\frac{2}{7} \div 3 = \frac{2 \times 3}{7 \times 3} \div 3 = \frac{6}{21} \div 3 = \frac{6 \div 3}{21} = \frac{2}{21}$$

也就是说，2 个 $\frac{1}{7}$ 不够平均分成 3 份，就把 2 个 $\frac{1}{7}$ 细分成 6 个（　　），
继续除，得到每份是（　　）个（　　），也就是 $\frac{2}{21}$。

可见，分数除法运算的核心也是计数单位的（　　），先把计数单位的
个数转化成除数的倍数再继续除。

所以，整数、小数和分数除法运算具有一致性，具体体现为：除法运算
的本质是把（　　）进行平均分，当较大的计数单位不够分时，要把它细分
成（　　）再继续除。

我的学习体会

我的疑问

后　记

无用方为大用

　　当下，做题几乎成了学生数学学习的唯一方式，学生也因此失去了许多学习的乐趣。很多教师都企盼自己的学生能够取得高分数，却很少能体谅孩子们学得累不累、烦不烦。成长永远都是一件不可急于求成的事情，需要我们放慢脚步，倾听花开的声音，从慢的角度做一点"无用"的事，用"无用"的阅读、思考、交流激发他们潜藏的能力、志趣、爱好。迈向核心素养时代，高品质的全学科阅读已然成为学生素养成长的基石。

　　阅读，一度被窄化为语文和英语学科中的专用名词，很少有人将其与数学学科勾连。其实不然，"数学教学也就是数学语言的教学"（苏联数学教育家斯托利亚尔语），而语言的学习离不开阅读。大凡数学成绩较好的学生，对数学语言都有较好的理解力，能正确地理解和获取各种数学信息。但是，由于数学语言形式的多样性（包含文字、符号、图形等多种形式）以及数学知识的抽象性等特点，数学阅读材料并不像语文阅读材料那样通俗易懂且富有故事性和趣味性。数学阅读更需要学生勤思多想，对每一个字词、符号与图形的含义以及它们之间的关系都要认真思考、仔细阅读，才能准确、全面地理解。另外，数学阅读更加强调学生的多感官参与，不能只是用眼睛浏览，而应是眼、口、手、脑等多种感官充分协同参与，养成"边阅读，边思考，边计算"的习惯。为此，我在日常教学中尝试为学生开设数学阅读课，着力激发学生学习数学的兴趣，开阔视野，培养学生以阅读能力为核心的自主学习的良好习惯，使他们获得终身学习的本领。

选择什么素材作为阅读内容呢？我确定了三个原则：一是学生感兴趣的，因为"兴趣是最好的老师"；二是学生经过思考能够理解的，必须"跳一跳才能摘到果子"，否则缺乏挑战性，心智得不到锻炼，但最终又能够"摘到果子"，否则会挫伤学生的积极性；三是能够开阔学生视野，感受到数学魅力的。

选好了阅读素材，怎样把这些抽象、枯燥的数学知识加工成通俗、有趣且适合探究的学习材料呢？"问题是数学的心脏"，为了增强学生阅读数学材料的兴趣，我把学习材料精心设计成"问题串"，让学生在挑战性问题的驱动下有目的地去阅读，去思考，去计算，寻找问题的答案。学生阅读的过程就是在经历"猜想—验证—再猜想—再验证"的"再创造""再发现"的过程，就是在经历"山重水复疑无路，柳暗花明又一村"之后无比愉悦的心理体验过程。

数学阅读课的课堂上都留出充足的时间让学生去自主阅读、尝试探究，帮助学生真正进入思维状态，让阅读真正成为充满思考的学习过程。教师密切关注学生的阅读进程，视情况适时介入，在关键处点拨、引领学生的思维。教学中，我注重利用学生间的差异资源，让进度较快、率先完成阅读任务的同学担当"小老师"，"兵教兵"，帮助学习中有困难的学生，促进每一个学生在数学上得到不同的发展。

经过几年的实践，数学阅读课的成效已初步显现。孩子们在阅读中开阔了数学视野，感受到数学知识的博大精深和魅力所在，学习数学的兴趣也越来越浓，数学阅读课也成为他们热切期盼的课程。还记得学习"冰雹猜想"一课时是一个周五，阅读材料中介绍，英国剑桥大学教授约翰·何顿·康威找到了一个自然数27。如果按照材料中所述方法进行运算，掉入"数字黑洞"的全部过程一共需要111步。这个材料原本只是让学生了解"冰雹猜想"中还有如此特殊的数而已，并不要求学生亲自去计算，因为步骤太繁琐了！没想到周一刚到校，就有几个学生找到我说，他们利用双休日的时间亲自去"求证"了一下，真的用111步计算让"27"掉入了"数字黑洞"，前后耗费了两个多小时，还都乐此不疲——"这样的计算，我喜欢！"也有家长通过QQ给我留言，说自家孩子原本很贪玩，但那天却在家里一直坐在那里演算、推导，花费两个多小时，直到把结果算出来才起身去吃饭、休息，这是在他以往的学习中从来没有发生过的事情。

数学阅读课的效果如此之好令我振奋，这也坚定了我在"应试"的背景下还要做一些"无用"之事的想法。本书所收录的数十篇数学阅读单，都是近些年我在学习、吸收众多优秀教师研究成果的基础上，在教学实践中用心"做"出来的，而不是闭门造车"写"出来的。或许，正是这些看似"无用"的种种，使得数学作为"成长载体"的教育价值得以彰显，能够促进那些可以普遍迁移的素养形成，如兴趣、好奇心（洞察力）、阅读能力、反思精神、独立思考的习惯和合作交流的意愿等。

对此，我充满信心，也满怀期待！

牛献礼
2022 年 11 月 1 日于北京